MAMI GOES MILLIONÄR

Dr. Carmen Mayer ist promovierte Biochemikerin, Unternehmerin und Aktienexpertin. Als junge Mutter wollte sie für ihre Familie ein Zuhause in München erwerben, musste aber feststellen, dafür nicht genügend Geld zu haben. Sie beschloss, während der Elternzeit ihre Finanzen selbst in die Hand zu nehmen. Mittlerweile hat sie nicht nur ein sechsstelliges Depot, sondern lebt auch in einem schönen Haus in München und besitzt zwei Häuser im Allgäu. Sie arbeitet heute als Privatinvestorin und bietet in ihrem eigenen Unternehmen Finanzcoachings für alle, die mehr vom Leben wollen, an.

Dr. Carmen Mayer

MAMI GOES MILLIONÄR

Wie du erfolgreich in Aktien investierst und finanziell frei wirst

CAMPUS VERLAG
FRANKFURT/NEW YORK

Haftungsausschluss: Investieren in Fondsanteile, Wertpapiere, Immobilien oder andere Vermögenswerte heißt stets und notwendigerweise Risiken eingehen. Vermögensanlagen in Aktien, Anleihen, Bankguthaben, Edelmetalle, Rohstoffe und Immobilien sind mit beträchtlichen Verlustgefahren verbunden. Die historischen Daten, die in diesem Buch enthalten sind, bieten keine Gewähr für zukünftige Renditen oder Erträge. Autoren und Verlag geben keine Garantie für die Richtigkeit der Daten und Berechnungen. Eine Haftung für Schäden, die aus der Befolgung der in diesem Buch gegebenen Hinweise resultieren, wird nicht übernommen. Die Aussagen in diesem Buch spiegeln die persönlichen Ansichten der Autoren wider, sind rein didaktischer Natur und sind nicht als Finanzberatung oder Anlageempfehlungen im Sinne des Wertpapierhandelsgesetzes zu verstehen.

ISBN 978-3-593-51883-1 Print
ISBN 978-3-593-45741-3 E-Book (PDF)
ISBN 978-3-593-45740-6 E-Book (EPUB)

Umschlaggestaltung: zeichenpool, München
Umschlagmotiv: © Inka Englisch
Satz: Oliver Schmitt, Mainz
Druck und Bindung: Beltz Grafische Betriebe GmbH, Bad Langensalza
Printed in Germany

Campus Verlag® / www.campus.de

Für Leni und Emily

Ich liebe euch so sehr!
Eure Mami

Inhalt

Hartnäckig hält sich bei vielen die Vorstellung, Frauen seien besser in der Küche und Männer besser mit Finanzen. Gott sei Dank haben Jamie Oliver, Steffen Henssler und viele andere Köche das Kochen für alle und besonders für Männer wieder salonfähig gemacht. Ich möchte mit diesem Buch alle Frauen dazu ermutigen, genauso, wie es diese Männer am Herd getan haben, ihren Platz nicht in der Küche, sondern auch an der Börse einzunehmen. Denn das Investieren in Aktien und Reich-Werden ist angesagt, en vogue und MÖGLICH für alle Frauen!

Wie alles begann

Frühjahr 2017, Freitagnachmittag in München, Haidhausen. Hochschwanger sitze ich auf der Couch. Mein Mann Markus ist irgendwo auf Geschäftsreise. Er reist so viel, dass ich gar nicht genau weiß, wo auf der Welt er gerade steckt. Als baldige Mutter schwirren viele Gedanken durch meinen Kopf: Es ist an der Zeit, nach einem schönen Familiennest für uns zu suchen. Ich wickle mich also gemütlich in eine Decke, schenke mir einen heißen Tee ein, klappe meinen Laptop auf und gebe bei einem bekannten Immobilienportal folgende Suchbegriffe ein:

MÜNCHEN
HAUS
KAUFEN

Das Suchergebnis schockiert mich. Zwar bekomme ich viele Immobilien angezeigt, die allesamt wunderschön aussehen und ein perfektes Zuhause für unsere Familie wären, doch die angezeigten Preise haben sehr viele Nullen. Ich schüttele den Kopf und denke mir: »Diese Preise können auf keinen Fall stimmen! Mit Sicherheit habe ich etwas falsch eingegeben, ich habe doch nur nach einem Haus und nicht nach einer Villa am Starnberger See mit Seezugang gesucht.« Also wiederhole ich die Suche, diesmal für die Stadt Düsseldorf. Ich bin in Wuppertal aufgewachsen und habe in Düsseldorf studiert. Ich weiß also, dass Düsseldorf von vielen als teure und versnobte Gegend wahrgenommen wird, dort müssten die Preise also noch höher sein. Leider zeigt sich jedoch, dass ich nichts falsch gemacht habe: In Düsseldorf sind die Häuser viel günstiger. Anscheinend sind die Hauspreise in München wirklich so hoch. Das war mir bis dato nicht bewusst. Ich bin geschockt und es dauert einen Moment, bis ich wieder klarer denken kann. So viel Geld muss ich haben, um ein Haus zu kaufen? Ehrlich gesagt hatte ich gedacht, dass ich nach ein paar schönen Häusern suchen, die Exposés anfordern und dann eine Auswahl für Besichtigungen treffen kann. Natürlich hatte ich schon einmal gehört, dass die Haussuche etwas dauern könne, aber dass man Millionärin sein musste, um ein normales Haus in München kaufen zu können, wusste ich nicht. In diesem Moment wird mir heiß und kalt zugleich.

In wenigen Monaten kommt unser Baby. Ich möchte nicht zu dritt in einer kleinen Zwei-Zimmer-Wohnung leben! Wie können sich das andere junge Familien jemals leisten? Ich habe immerhin studiert, promoviert und arbeite in einer guten Position bei einem hochrangigen Pharmaunternehmen. Bislang dachte ich eigentlich, ich hätte für ein schönes Leben beruflich alles richtig gemacht.

Während ich aber immer noch fassungslos durch die Immobilienangebote scrolle, kommen immer mehr Fragen auf: Was hätte ich denn anders machen sollen? Einen höheren Abschluss kann ich doch gar nicht erreichen? Noch dazu bin ich nicht allein – auch mein Mann Markus arbeitet bei einem großen Automobilhersteller und verdient dort gutes Geld. Wie machen das denn andere in unserer Situation? Es können doch nicht alle, die in München ein Haus haben, reich geerbt haben. Ich stelle mir also die Frage: Was muss ich jetzt tun, um unser Problem zu lösen? Woher soll ich das Geld für unseren Traum vom Eigenheim nehmen? All der Fleiß und unsere Studienabschlüsse reichen nicht aus. Unsere beiden Gehälter sehen zwar auf den ersten Blick gut aus, schließlich landen jeden Monat einige Tausend Euro auf unserem Konto. Aber trotzdem fühle ich mich gerade arm. Wir haben nicht genug Geld – auch wenn wir bereits einiges angespart haben –, um uns in München ein nettes Haus zu kaufen.

Eine weitere Frage drängt sich mir auf: Wenn wir beide es mit unseren Gehältern schon nicht zum Hauskauf schaffen können, wer soll sich das denn dann leisten können? In meinem direkten Umfeld kenne ich niemanden, der viel mehr verdient als wir. Ich lege den Laptop zur Seite und denke nach. Über mich. Unser Baby. Unsere Familie. Langsam, aber sicher kommen mir die Tränen. Ich will doch meiner Familie einfach nur ein schönes Leben ermöglichen – ohne Geldsorgen und Verzicht. Bisher ist mir in meinem Leben immer eine Lösung eingefallen, egal bei welchem Problem, welcher Herausforderung. In diesem Fall aber weiß ich erstmal nicht, was ich tun soll.

Anscheinend habe ich in Bezug auf Geld eine riesige Wissenslücke. Irgendetwas muss mir doch entgangen sein, denn anscheinend gibt es Menschen, die sich in München diese Häuser kaufen können. Was machen sie anders? Wo liegt ihr Geheimnis? Das sind bestimmt nicht alles Raketenwissenschaftler und Hochbegabte oder Erben. Irgendein entscheidendes Puzzlestück an Wissen fehlt mir. Doch welches?

In meiner Promotionszeit musste ich mir vieles selbst beibringen. Deswegen komme ich nach einiger Grübelei und einem letzten Blick auf meinen derzeitigen Kontostand zu dem Schluss: Irgendwie muss ich mir dieses fehlende Wissen rund um das Thema Geld aneignen! Die Schwangerschaft und ihre Hormone treiben mich an, das Problem sofort anzugehen. Es ist Freitagnachmittag, ich finde also niemanden auf die Schnelle, der mir weiterhelfen kann. Ich weiß, ich brauche einen Selfmade-Multimillionär, von dem ich mehr über Geld lernen kann. Schließlich kann mir an dieser Stelle kein Bankberater weiterhelfen – sie verdienen weniger als mein Mann und ich. Coaches und Trainer kannte ich damals nur aus dem Sport, nicht aus anderen Lebensbereichen. Sonst hätte ich mir sofort einen Coach gesucht. Doch alles Wissen dieser Welt steht bekanntlich in Büchern, deswegen wusste ich, ich brauche gute Bücher zum Thema »Schnell reich werden«.

Bei Amazon gibt es noch keine Prime-Lieferung innerhalb der nächsten 24 Stunden. Deswegen bleibt mir nur mein Fahrrad. Ich werfe also die Decke von mir, springe vom Sofa auf, schlüpfe in das nächstbeste Paar Schuhe, schnappe mir meine Jacke und den Haustürschlüssel und lasse die Tür krachend hinter mir ins Schloss fallen. Hoch motiviert radle ich zum Hugendubel am Marienplatz in München. Hier will ich Literatur finden, die mir gegen meine Wissenslücken in Bezug auf Geld helfen soll. Dort angekommen stehe ich erst einmal regungslos in der riesigen Buchhandlung. So viele Etagen, Tausende Bücher und ich weiß gar nicht, wo ich anfangen soll. Eine nette Verkäuferin sieht meinen suchenden Blick: »Kann ich Ihnen weiterhelfen?« Der Glaubenssatz »Über Geld spricht man nicht« steigt sofort in mir auf, also traue ich mich nicht, zurückzufragen: »Entschuldigung, wo finde ich ein Buch, das mir beibringt, wie ich Millionärin werde?« Stattdessen sage ich nur: »Nein danke, ich brauche keine Hilfe.«

Ich steuere die Abteilung mit den Business-Büchern an. Dort habe ich schon einmal grandiose Literatur gefunden, um in Vorstellungsgesprächen zu überzeugen. Die Abteilung scheint richtig zu sein, doch nun stehe ich vor dem nächsten Problem: Es gibt bergeweise Bücher. Hier und da lese ich die Worte: **GELD, REICH, MONEY**. Aber womit soll ich beginnen? Aus meiner Doktorarbeitszeit weiß ich noch: Wenn du dich in ein neues Fachgebiet einarbeitest, aber niemanden hast, der dich an die Hand nimmt, kannst du dich schnell im Dschungel aus Informationen verlaufen. Das kann zu einer absoluten Zeitverschwendung und enormer Frustration führen. Leicht entmutigt schaue ich auf die vielen Bücher. Doch ich habe Glück. Neben mir höre ich einen anderen Kunden sprechen. Er ist Mitte 40, sieht gut aus und wirkt wohlhabend. Mit großem Engagement beschreibt er einer jungen, hübschen Dame, welche Bücher er bereits gelesen hat, und empfiehlt ihr einige davon. Das ist meine Chance. Es ist mir zwar ein bisschen unangenehm, einfach so jemanden in einer Buchhandlung anzusprechen, aber allein komme ich nicht weiter. Ich brauche einen Mentor. »Entschuldigung, wie ich höre, kennen Sie sich hier gut aus, würden Sie mir auch weiterhelfen?« Er lächelt mich an, drückt seiner bisherigen Zuhörerin abschließend noch ein Buch in die Hand und wendet sich dann zu mir: »Ja natürlich, sehr gerne. Wie kann ich Ihnen helfen?« Ich sage leise: »Ich kenne mich mit Finanzen nicht aus. Können Sie mir vielleicht ein Buch darüber empfehlen, wie man reich wird?« Ich sage wirklich »man«, denn ich traue mich nicht »ich« zu sagen.

Der Herr nimmt mir sofort meine Scham und reagiert äußerst freundlich. Er freut sich regelrecht, dass er sein Wissen mit mir teilen kann. Wir gehen um den Büchertisch herum und er drückt mir das Buch *Rich Dad, Poor Dad* von Robert Kiyosaki in die Hand. Ich hätte es wahrscheinlich aufgrund des komischen Titels nicht ausgesucht und verstehe im ersten Moment auch nicht, was dieser Titel aussagen soll. Ich will doch kein Buch über Kindererziehung lesen, auch wenn ich schwanger bin! Außerdem wirkt der Mann auf dem Cover auch nicht besonders ansprechend auf mich, irgendwie sieht er altbacken aus. Doch der Untertitel, den ich erst auf den zweiten Blick wahrnehme, macht mich neugierig: »Was die Reichen ihren Kindern über Geld beibringen«. Der nette Mann empfiehlt mir noch weitere Bücher und wünscht mir viel Erfolg damit. Ich bedanke mich, bin aber trotzdem noch unsicher. Dieses Buch spricht mich einfach ganz und gar nicht an, trotz des interessanten Untertitels.

Wie der Zufall es so will, kommt dann eine ältere Dame, ich schätze sie auf um die 70 Jahre alt, top gestylt, auf mich zu und sagt: »Junge Frau, wenn Sie sich noch nicht mit Finanzen auskennen, lesen Sie es unbedingt!« Sie deutet dabei auf Kiyosakis Buch in meiner Hand. Das muss doch Schicksal sein. Ich schalte meinen immer noch zweifelnden Verstand aus, hinterfrage die Buchauswahl nicht mehr, nehme das und die anderen empfohlenen Bücher mit zur Kasse. Dort schaut mich die Verkäuferin mit hochgezogener Augenbraue an, als sie die Titel meiner Bücher sieht. Alle Bücher drehen sich um das Thema »Reich werden«. Doch ich lächle sie an, bezahle, packe meinen Einkauf ein und denke mir nur: »Gut, dass ich in einer Großstadt lebe, hier kennt mich niemand.« Draußen schwinge ich mich aufs Rad und flitze im Eiltempo nach Hause. Bereits 20 Minuten später sitze ich leicht atemlos wieder in meine Decke eingemummelt, mit einem frischen Tee auf dem Sofa und beginne *Rich Dad, Poor Dad* zu lesen. Ich verschlinge das Buch in einem Rutsch und erfahre Sachen, die ich vorher weder in der Schule noch im Studium je gelesen habe. Doch alles klingt so logisch! Warum weiß ich nichts von all diesen Geheimnissen? Robert Kiyosaki beschreibt in seinem Buch drei Wege, um vermögend zu werden:

1. Weg: Du gründest ein Unternehmen.
2. Weg: Du kaufst Immobilien und vermietest sie.
3. Weg: Du kaufst Aktien, also Anteile von tollen Unternehmen.

Das Fazit: Du vermehrst dein Geld, indem du es für dich arbeiten lässt.

Für mich klingen alle diese Wege absolut einleuchtend und mir ist klar: Das ist das Puzzlestück, das mir bisher gefehlt hat. Ich will und werde lernen, wie ich Geld für mich arbeiten lassen kann. Die Wahl fällt für mich zu diesem Zeitpunkt sofort auf Aktien, denn hochschwanger gründe ich sicher keine Biotech-Firma oder sonst irgendein Start-up. Ich kaufe auch keine Immobilie, um sie zu vermieten, denn für mein Vorhaben will ich mich nicht gleich verschulden.

Klarheit und Freude breiten sich in mir aus und mit jedem weiteren gelesenen Satz wird mein Grinsen breiter. Fünf Stunden später weiß ich, was ich jetzt zu tun habe: Ich muss lernen, wie die Börse funktioniert und wie ich mit Aktien Geld verdienen kann. So schwer kann das doch nicht sein – zumindest klingt es in den

Büchern absolut machbar. Das wäre doch gelacht, wenn ich das nicht schaffe … immerhin habe ich einen Doktortitel! ;)

Und jetzt zu dir

Fragst du dich auch, wie du dir und deiner Familie ein besseres Leben ermöglichen kannst? Möchtest du dir auch ein schönes Haus leisten können? Willst du ein Leben in finanzieller Freiheit und Unabhängigkeit leben? Das ist möglich. Für dich genauso wie für mich früher und jetzt. Meine eigene Börsengeschichte fing an, weil ich Millionärin werden wollte, um ein Haus für meine Familie und mich kaufen zu können. Vier Jahre später hatte ich dieses Ziel erreicht, fünf Jahre später berichteten sogar *Bild, Business Insider, Brigitte, Capital* und viele mehr über meine Erfolgsgeschichte.

Stecke dir deine Ziele also hoch und dann noch ein bisschen höher. Am besten so hoch, dass du sie dir heute noch gar nicht vorstellen kannst. Klingt vielleicht verrückt, aber probiere es einfach aus! Bei mir hat es geklappt. Es könnte doch funktionieren und gut werden. Dieses Buch heißt nicht: *Mami schließt die Rentenlücke*, weil ich damit nicht dein Feuer entzünden würde, sondern du aus einem schlechten Gewissen heraus in einen ETF-Sparplan investieren würdest. Ich will vielmehr, dass du dein volles Potenzial entwickelst und du auf die Suche nach all den in dir schlummernden Stärken und Talenten gehst. Dein Leben passiert jetzt und niemand weiß, was in 30 Jahren ist! Deswegen rate ich dir von ganzem Herzen: Fang sofort an und verfolge deine Ziele. Sehr hohe Ziele setzen eine besondere Energie frei und du beginnst, in viel größeren Maßstäben zu denken. Kleine Probleme werden auf diesem Weg unwichtig.

Ich möchte dir mit diesem Buch die Angst vor Aktieninvestitionen nehmen und dir zeigen, wie spannend die Reise zum Wohlstand ist. Hier leite ich dich mit meinen praxiserprobten Tipps

Schritt für Schritt durch die Börse. Ich gebe dir Tools an die Hand, wie du gesunde Aktienunternehmen erkennst, aussuchst und dein Portfolio strukturierst. Bitte habe keine Angst vor den Fachbegriffen, ich erläutere sie dir im Laufe dieses Buches. Außerdem habe ich alle relevanten Begriffe am Ende des Buches in einem **Glossar** zusammengefasst. Auch zeige ich dir, wann du eine Aktie verkaufen musst, wenn es einmal nicht wie geplant läuft. Du wirst sehen, das Investieren macht dich nicht nur finanziell vermögender, sondern auch mutiger und reicher an Erfahrungen. In diesem Buch möchte ich für dich die Themen Aktien und Börse spannend, lustig und horizonterweiternd darstellen. Ich möchte, dass du dich traust, eine erfolgreiche Investorin zu werden, sodass du darin ein Hobby findest, das Geld in deine schöne Handtasche spült – und dir viele neue Handtaschen beschert. In dir steckt so viel mehr, als du glaubst! Lass uns zusammen diesen Weg gehen, denn zusammen sind wir stärker als allein! Gleich zu Beginn möchte ich dir einen lebensverändernden Glaubenssatz mitgeben:

Nicht nur du arbeitest für dein Geld, sondern ab heute arbeitet auch dein Geld hart für dich.

Für wen ist dieses Buch?

Mami goes Millionär ist für alle tollen Frauen, die mehr vom Leben wollen und ihre Finanzen mit Herz und Verstand selbst in die Hand nehmen möchten. Powerfrauen, denen ein sicheres Finanzprodukt, das wenig Rendite abwirft, zu langweilig ist und die wirklich verstehen wollen, von welchen Unternehmen sie Anteile kaufen sollten – und wie man den höchsten Gewinn daraus zieht. PS: Männer dürfen es natürlich auch lesen! ❤

Wie solltest du mit dem Buch arbeiten?

Am besten, du liest es von vorn nach hinten, Kapitel für Kapitel durch und machst dir dabei Notizen. Arbeite mit diesem Buch! Es ist kein Schulbuch, in das du nichts schreiben darfst. Im Gegenteil: Schreibe alle deine Geistesblitze, die dir beim Lesen in den Kopf kommen, in die Notizfelder oder an den Rand. Es könnte sein, dass diese Gedanken nicht noch einmal wiederkommen, und so hast du sie auf Papier festgehalten. Markiere für dich wichtige Abschnitte.

Wenn du umgesetzt hast, was du hier lernst, und an der Börse investierst, dann lies das Buch gern erneut. Du wirst ein neues Bewusstsein haben und mit einem anderen Horizont etwas ganz Neues aus dem Buch mitnehmen.

Extratipp für dich

Hör auf zu denken, dass du eine Garantie dafür brauchst, dass das mit den Aktien und dem »groß Denken« auch funktioniert. Nur wenn du etwas wagst, kannst du gewinnen. Wenn du es nie ausprobierst, kannst du immer nur vom Rand zuschauen, wie die anderen zu erfolgreichen Investorinnen werden. Also komm in die Umsetzung und lerne jetzt, wie das Spiel des Geldes funktioniert.

Ich freue mich sehr auf unsere gemeinsame Reise!
Deine Carmen

Begleitender Online-Kurs

Damit du gleich in die Umsetzung kommst, habe ich einen Online-Kurs für dich zusammengestellt. Am besten besuchst du ihn begleitend zum Buch: Lies das jeweilige Kapitel und schau dir dann das entsprechende Kursvideo an. Anmelden kannst du dich über den QR-Code. Viel Freude und Erfolg damit!

1. KAPITEL

Millionäre denken anders

Glaubenssätze drehen

- Die Börse ist gefährlich.
- Schuster, bleib bei deinen Leisten.
- Investieren ist nur etwas für Reiche und Investmentbanker.

Hast du diese oder ähnliche Sätze schon einmal gehört? Ich kannte sie alle und glaubte sie alle. Es sind tiefsitzende Glaubenssätze, die wir von unseren Eltern, unseren Lehrern, aus der Zeitung und/oder den Nachrichten bekommen haben. Wir tragen sie bewusst oder sehr oft auch unbewusst in uns, ohne sie zu hinterfragen. Diese Glaubenssätze bestimmen unsere Realität. Doch was bedeutet das, wenn Glaubenssätze unsere Realität bestimmen? Hier habe ich ein anderes Beispiel, um es greifbarer zu machen: Kennst du Frauen, die ihren eigenen Wert nicht kennen und sagen: Alle Männer sind egoistische Sch*****. Diese Frauen haben meistens »Pech« mit Männern. Auf jeden Fall glauben sie, dass Beziehungen kompliziert und anstrengend sind, dass der ersehnte Prinz nur bei der Nachbarin angeritten kommt – doch niemals bei ihnen. Deswegen verlaufen die Beziehungen dieser Frauen auch oft schwierig und unglücklich. Ihnen sind ihre Glaubenssätze in der Regel gar nicht bewusst, aber ihre negativen Gedanken über Männer werden zu ihrer Realität. Andere Frauen dagegen sind selbstbewusst und erwarten nur das Beste vom Leben – in allen Bereichen. Sie haben Männer, mit denen sie ein glückliches Leben führen. Ihre Gedanken und Gefühle führen dazu, dass sie immer in bester Gesellschaft sind.

Wir müssen uns unserer eigenen Gedanken bewusst werden. Sieh deine Gedanken als Zutaten für einen Kuchen: Würdest du einen Kuchen mit vergammelten Lebensmitteln backen wollen? Der Kuchen wird niemandem schmecken. So ist das auch mit unseren Gedanken: Wenn deine Gedanken negativ und destruktiv sind, dann wird dein Leben so verlaufen und dir nicht »schmecken«. Erfolgreiche Menschen sind Optimisten und geben alles, damit der Kuchen aufgeht – damit sie ein glückliches und erfolgreiches Leben führen! Deshalb heißt das für dich: Du musst selbstbewusst sein und dir bewusst machen, was du schon alles in deinem Leben erreicht hast. Dabei will ich dir hier helfen. Denn du kannst entscheiden, womit du backst – vergammelte Lebensmittel kannst du jederzeit gegen frische austauschen! Beim Kuchen ist uns das klar, im Leben und mit den Gedanken aber oft nicht. Deshalb lade ich dich ein, es einfach auszuprobieren. Es kann schließlich nur besser werden!

Das Gleiche gilt für Geld und reiche Menschen. Wenn du immer glaubst: *Geld ist schlecht, Reiche sind arrogant,* dann wirst du nur schwer mehr Geld in dein Leben ziehen. Völlig unabhängig davon, was du tust. Denn dann lehnst du Geld tief in deinem Inneren ab, obwohl du es im Außen vielleicht haben möchtest. Doch dein Unterbewusstsein steuert dich und du läufst quasi auf negativem Geld-Autopilot.

An dieser Stelle will ich ansetzen. Denn bevor ich dir praktische Tipps an die Hand gebe, wie du an der Börse erfolgreich wirst, müssen wir deinen Glaubenssätzen auf den Grund gehen. Sie sind die Basis für dein finanzielles Verhalten: Was also denkst du über Geld, die Börse und das Investieren? Welche Glaubenssätze trägst du in dir? Glaubenssätze sind per se nicht gut oder schlecht, wir wollen hier also nicht über sie urteilen oder sie gar in Schubladen stecken. Du solltest dir nur die Frage stellen: Unterstützen sie dich darin, deine Ziele zu erreichen, oder lassen sie dich dort verweilen, wo du gerade bist? Ich möchte dich ermutigen, deine eigenen Glaubenssätze zu erkennen, hemmende und fördernde Glaubenssätze. Und sie dann für dich alle positiv zu drehen, sodass sie dich reich und erfolgreich machen.

Mit folgender Übung kommst du deinen Glaubenssätzen auf die Schliche:

Übung

Tiefsitzende Glaubenssätze aufdecken

Lies dir die folgenden Sätze aufmerksam durch und entscheide ehrlich, welche Sätze auch von dir stammen könnten. Wir neigen dazu, uns selbst zu belügen, weil wir alles richtig machen wollen. Es geht hier aber nicht um ein Richtig oder Falsch, sondern darum, deine (tiefsitzenden) Glaubenssätze aufzudecken, um sie dann ändern zu können.

Kreuze intuitiv und wertfrei an, welchen Sätzen du zustimmst:

- ○ Ich muss für die Rente sparen.
- ○ Aktien sind nur für Reiche und/oder Banker.
- ○ Ich bin eine schlechte Investorin.
- ○ Wenn ich reich bin, lieben Frauen/Männer nur mein Geld.
- ○ Geld rinnt mir durch die Finger.
- ○ Schuster, bleib bei deinen Leisten.
- ○ Geld schafft Gutes.
- ○ Geld ist nicht alles.

- ◯ Immer wenn ich Geld bekomme, hat ein anderer es verloren.
- ◯ Viel Geld kann man nur durch Rücksichtslosigkeit und Härte bekommen.
- ◯ Investieren in Aktien ist kompliziert.
- ◯ Geld macht hochnäsig und arrogant.
- ◯ Nur wer spart, wird reich.
- ◯ An der Börse könnte ich alles verlieren.
- ◯ Wer reich ist, hat keine wahren Freunde mehr.
- ◯ Reichtum schafft Neider.
- ◯ Reiche können nicht mehr schlafen.
- ◯ Das letzte Hemd hat keine Taschen.
- ◯ Viel Geld schafft Sorgen und Probleme.
- ◯ Reichtum geht auf Kosten meiner Gesundheit.
- ◯ Ich bin auch in Zukunft zufrieden mit dem, was ich habe.
- ◯ Die Börse ist unberechenbar und gefährlich.
- ◯ Reichtum geht auf Kosten meiner Familie.
- ◯ Geld bewirkt viel Gutes.
- ◯ Gegen die »großen Jungs« an der Börse habe ich keine Chance.
- ◯ Wer denkt, Geld kann kein Glück kaufen, der weiß nicht, wie man einkaufen gehen muss.
- ◯ Ich bin keine Investorin und habe zu wenig Ahnung von der gesamten Wirtschaft.
- ◯ Ich habe von Investitionen keine Ahnung.
- ◯ Geld ist die Messlatte für meinen Erfolg.
- ◯ Wenn ich viel Geld habe, kann ich mich nicht mehr über Kleinigkeiten freuen.

- Geld macht bequem.
- Woher soll ich wissen, welche Aktien die richtigen sind?
- Investieren ist mit viel Aufwand verbunden.
- Reichtum macht einsam.
- Wenn es so einfach wäre, würden alle an die Börse gehen.
- Bescheidenheit ist eine Zier.
- Ein großer Überfluss an Geld ist obszön.
- Es gibt Wichtigeres als Geld.
- Wenn ich mehr verdiene, muss ich mehr Steuern zahlen.
- Geld ist nicht alles, aber ohne Geld ist alles nichts.
- Ohne Geld bin ich eine totale Versagerin.
- Alles ist vorherbestimmt.
- Armut ist erbärmlich und mies.
- Sparen ist für Untalentierte und Penner.
- Sei zufrieden mit dem, was du hast.
- Mit viel Geld würde ich faul und träge werden.
- Ich verdiene nicht mehr, als ich habe.
- Gute und intelligente Menschen sollten immer vermögend sein.
- Wenn meine Kinder in Reichtum aufwachsen, werden sie verweichlicht und drogensüchtig.
- Reichtum ist ungerecht. Zu viele Menschen leiden Hunger.
- Ich ziehe Geld an wie ein Magnet.

Übung

Analysiere deine Glaubenssätze

Was glaubst du, welche Auswirkungen diese Glaubenssätze auf dich haben?

Was sind deine drei stärksten Glaubenssätze über Geld?

Wie sind deine Glaubenssätze entstanden? Wer hat dich am meisten beeinflusst?

Wie vermögend und glücklich sind die Menschen, deren Glaubenssätze du übernommen hast?

Nachdem ich damals diese Übung gemacht hatte, wurde mir klar, dass mich viele meiner Gedanken über Geld kleingehalten haben. Ich hatte viele Ängste in Bezug auf Investitionen und die Börse, weil ich viele negative Glaubenssätze meiner Eltern übernommen hatte, ohne sie jemals zu hinterfragen. Meine Eltern lieben mich sehr und wollen immer nur das Beste für mich, doch sie hatten nie viel Geld und konnten mir deswegen auch nicht das nötige Wissen darüber vermitteln. Ich hatte also bislang niemanden gehabt, der mir wirklich gute Tipps rund um das Thema Geld geben konnte. Also lebte ich mit dem, was meine Erziehung, mein Umfeld und mein beruflicher Werdegang mir mitgegeben hatten.

Und hier mein zusätzlicher Tipp für dich:

Nimm niemals einen Ratschlag von jemandem an, der nicht dort ist, wo du gerne wärst! Das gilt für jeden Lebensbereich. Von jemandem, der fünf Mal geschieden ist, solltest du eher keine Beziehungstipps annehmen! Und von jemandem, der nur noch 500 Euro auf dem Konto hat, keine Finanztipps.

Meine persönlichen drei stärksten Glaubenssätze waren:

- Schuster, bleib bei deinen Leisten.
- An der Börse könnte ich alles verlieren.
- Wenn es so einfach wäre, würden alle an die Börse gehen.

Als ich das herausgefunden hatte, fragte ich mich: Welche Millionäre kenne ich eigentlich? Keiner meiner Kollegen war Millionär. Mir fiel auf, dass alle Millionäre, die ich bis dato kannte, Unternehmer und/oder Investoren waren. Außerdem erkannte ich, dass sie alle in ganz anderen Bereichen tätig waren als in dem, in dem sie studiert hatten. Dadurch wurde mir erst klar, dass mein Glaubenssatz »Schuster, bleib bei deinen Leisten« mir nicht dienlich war. Ich musste neue Wege gehen, um Millionärin zu werden. Ich hatte immer geglaubt, dass mich genau dieser Satz super erfolgreich macht. Stattdessen hielt er mich aber klein. Deswegen darfst du die Sätze in der Übung gerade wirklich nicht bewerten, sondern musst einfach intuitiv ankreuzen. Für mich wurde es nach 30 Jahren Zeit, mich von diesem tiefsitzenden Glaubenssatz zu trennen und ihn in einen neuen, förderlichen, bereichernden Glaubenssatz zu transformieren.

Also drehte ich den Satz um: Aus »Schuster, bleib bei deinen Leisten« wurde »Wenn ich neue Wege gehe, werde ich reich«.

Mit diesem »Drehen« ist es natürlich nicht getan. Du brauchst Beweise für deine neue These, denn sonst bleibt dein Unterbewusstsein weiterhin skeptisch und verhindert, dass sich der gedrehte Glaubenssatz anstelle des alten etablieren kann. Also dachte ich nach. Wen kenne ich, der mit neuen Wegen reich geworden ist?

1. Mir fiel sofort mein ehemaliger Chef, seines Zeichens Arzt, ein, der ein Biotech-Unternehmen gründete und für mehrere Millionen verkaufte.
2. Dann ein Elektroingenieur, der an der Börse als Investor Millionär wurde.

3. Ich kannte einen Handwerker, der mit dem Handel von Immobilien Multimillionär wurde.
4. J. K. Rowling, die als Sozialhilfeempfängerin die Romanserie rund um den Zauberer Harry Potter schrieb und damit Milliardärin wurde.

Damit hatte ich genügend Beweise, dass der Schuster noch viel erfolgreicher werden kann, wenn er mit neuen Leisten arbeitet.

Weiter ging es mit dem Satz: »An der Börse könnte ich alles verlieren.« Diesen Satz drehte ich um in: »An der Börse baue ich mir ein Vermögen auf!«

Um diese These zu belegen, schaute ich mir 50 unterschiedliche Aktienkurse der letzten fünf Jahre an. Dafür gab ich einfach bei Google jeweils das Unternehmen und dahinter das Wort »Aktie« ein. Schon sah ich den Aktienchart. Im Folgenden habe ich vier dieser gefundenen Aktien für dich abgebildet. Das sind zwar die aktuellen Charts, aber die sahen damals schon so aus. Denn vielleicht hast du ja auch den Glaubenssatz »An der Börse könnte ich alles verlieren« angekreuzt? Du musst noch nichts Genaueres über Aktien gehört oder verstanden haben, um zu erkennen, dass diese Aktien in den letzten fünf Jahren stetig nach oben gingen.

Damit du die folgenden Abbildungen lesen kannst, erkläre ich dir kurz, wie das geht: Ein Aktienchart ist immer als Graph in einem xy-Achsen-Diagramm dargestellt. Die x-Achse, also die waagrechte Linie, ist die Zeitachse. Die senkrechte Linie, die y-Achse, ist der Kurswert, also der Aktienpreis. Prinzipiell kann sich eine Aktie in drei Richtungen bewegen.

Das sieht so aus:

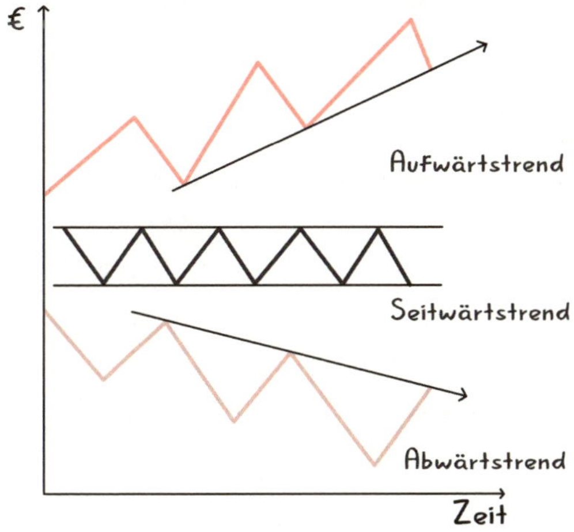

Wenn du dir den Apple-Chart im Folgenden anschaust, siehst du auf der x-Achse den Zeitverlauf der letzten fünf Jahre. Auf der y-Achse siehst du den Aktienpreis, von ca. 50 bis ca. 200 Euro. Die Aktie hat in den letzten fünf Jahren über 261 Prozent Rendite gemacht!

Schau dir diese Aktienchartverläufe an:

1. Apple

Neben dem Apple-Aktienchart habe ich dir hier noch die Verläufe der letzten fünf Jahre von Mastercard, Microsoft und Nvidia mitgebracht.

2. Mastercard

Die Aktie hat in den letzten fünf Jahren über 102 Prozent Rendite gemacht:

3. Microsoft

Die Aktie hat in den letzten fünf Jahren mehr als 206 Prozent Rendite gemacht.

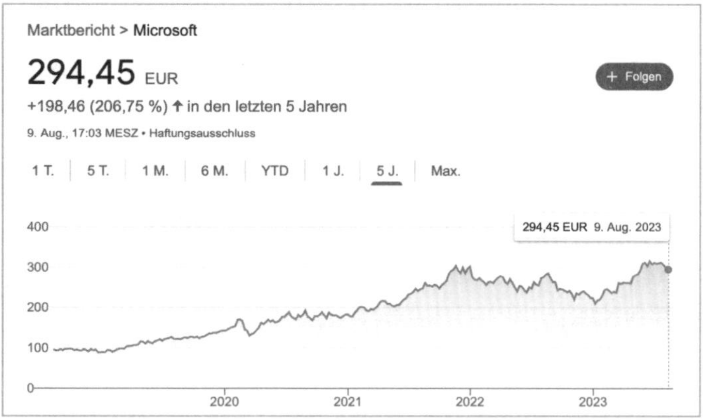

4. Nvidia

Ein grandioses Beispiel ist auch dieser Aktienchart. Nvidia hat in den letzten fünf Jahren eine Wertsteigerung von über 590 Prozent erreicht.

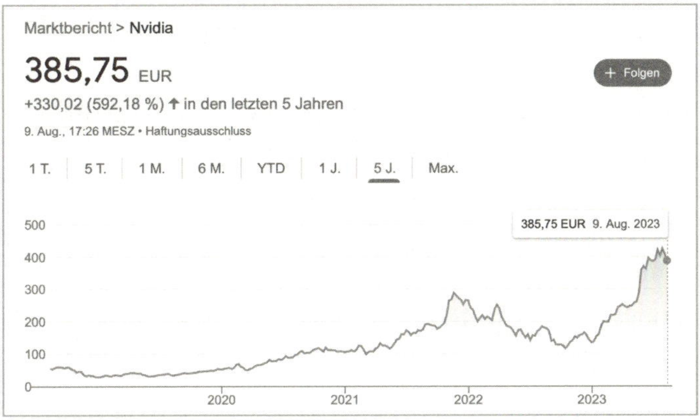

Schnell erkannte ich, dass einige Unternehmen ein enormes Wachstum hinlegten. (Hätte ich im September 2017 1000 Euro in Apple-Aktien investiert, dann hätte ich heute, im August 2023, ca. 500 Prozent Rendite gemacht.) Der Gedanke gefiel mir. Somit wusste ich, dass es prinzipiell funktioniert, an der Börse Gewinne zu erzielen, denn es gab einige Aktien, die mehr Rendite brachten als die 8 Prozent, von denen immer gesprochen wird. Noch verstand ich zwar nicht, wie solche Kurse entstehen, doch mir war klar: Wenn ein Unternehmen und seine Produkte erfolgreich sind und immer wertvoller werden, muss es dafür Gründe geben, die ich bald verstehen würde – da war ich mir ganz sicher.

Auch meinen dritten Glaubenssatz will ich hier gemeinsam mit dir umkehren: »Wenn es so einfach wäre, würde jeder an die Börse gehen.« Ich wandelte ihn um in: »Es ist einfach, an der Börse zu handeln, du brauchst nur die richtigen Informationen und das richtige Mindset.«

Meine Beweise: Ich war auf einer Investment-Konferenz und viele reiche Männer sprachen über ihren Erfolg an der Börse. Diese Männer waren keine Raketenwissenschaftler, sondern normale Menschen. Sie besaßen schlicht ein Wissen, welches mir damals noch fehlte.

Ich lernte auf der Investment-Konferenz Folgendes:

1. Die Performance der letzten Jahre einer Aktie zeigt dir, wie die Aktie gelaufen ist und was alles möglich ist.
2. Du musst verstehen, wie viel Geld ein Unternehmen macht. Die Umsätze und die Gewinne dieser Firma müssen dir bekannt sein.
3. Es gibt keine Schule, an der du das Investieren lernst, und deswegen denken viele Menschen, es sei schwer, an der Börse zu agieren.
4. Wenn es an der Börse mal nicht wie gewünscht läuft, brauchst du einen klaren Plan, wann du aussteigst, also deine Aktien wieder verkaufst. Das solltest du vorher schon festlegen.

Welche Glaubenssätze über Geld und Börse trägst du in dir? Welche hemmenden Sätze halten dich am meisten zurück? Hast du Ideen, wie du diese negativen Sätze ins Positive drehen kannst? Wenn dir das schwerfällt, habe ich einen Tipp für dich: Bitte eine Person in deinem Umfeld, die vermögender ist als du, um Hilfe. Allein ist es schwerer, neu zu denken. Nimm dankend jede Hilfe an.

Du wirst sehen: Einige positive Überzeugungen über Geld können sehr schnell zu deiner neuen Wirklichkeit werden. Andere, sehr tiefsitzende Überzeugungen brauchen möglicherweise Wochen, Monate oder gar Jahre, um in dein Bewusstsein implementiert zu werden. Mit einem Mentor geht das in der Regel deutlich schneller. In meiner Aktienausbildung drehe ich immer die negativen Überzeugungen meiner Teilnehmerinnen.

Investitionen in Aktien sind großartig und machen riesigen Spaß, aber du musst auch im ersten Schritt lernen, was zu tun ist, worauf du achten solltest und wie das »Handwerkszeug« funktioniert. Stell dir beispielsweise das Chaos auf der Straße vor, wenn wir alle keinen Führerschein machen würden. Denke dann einmal an deine erste Fahrstunde zurück. Dachtest du damals, dass Autofahren einfach sei? Vermutlich nicht. Was denkst du aber heute, nach einigen Jahren der Fahrpraxis darüber? Genauso ist es an der Börse. Am Anfang ist alles neu und du weißt vielleicht nicht, wie du dich dort bewegen kannst, aber mit der Zeit wird es immer vertrauter und du erkennst die großen Vorteile des Investierens an der Börse. Der erste Schritt, ehe du tatsächlich an die Börse gehst, ist wie beim Autofahren der »Führerschein«. Wenn du gelernt hast, wie es in der Theorie geht, und übst, dann wird es für dich ein nützlicher und selbstverständlicher Lebensbestandteil. Wenn du einmal verstanden hast, wie die Börse funktioniert und Erfolge erzielst, wirst du nie wieder ohne Investitionen leben wollen.

Akzeptiere nicht den Status quo! Sei hungrig auf mehr! Sei mutig! Du hast dir das Buch nicht umsonst gekauft. Schmeiß also jetzt die gammeligen Zutaten aus deinem Kühlschrank und ersetze sie durch frische, aus denen du ein Festmahl zaubern kannst! Ersetze deine wenig förderlichen Glaubenssätze durch neue, frische Sätze, die dich auf deinem Weg zum Erfolg unterstützen.

Übung

Drehe drei tiefsitzende Glaubenssätze

Notiere hier nacheinander deine drei stärksten Glaubenssätze, die dich beim Thema Reichtum hemmen, streiche die Sätze durch und überlege dir stattdessen förderliche und motivierende Sätze.

Finde mindestens drei bis vier Beweise für die neuen Aussagen:

1. Glaubenssatz:

Gedrehter Glaubenssatz mit Beweisen:

2. Glaubenssatz:

Gedrehter Glaubenssatz mit Beweisen:

3. Glaubenssatz:

Gedrehter Glaubenssatz mit Beweisen:

Lies dir deine neuen Glaubenssätze immer wieder laut vor, um sie wirklich zu verinnerlichen. Wie fühlt sich das für dich an?

Online-Kurs

In diesem Kurs zeige ich dir, wie du einige Glaubenssätze drehen kannst. Melde dich über den QR-Code an.

Zusammenfassung

Erfolg beginnt im Kopf. Vermögende Menschen denken anders. Die gute Nachricht, die daraus folgt, ist: Du kannst dein Mindset auf Erfolg programmieren und dich so selbst zur Millionärin »denken«.

- Dieses Kapitel ist überaus wichtig für deinen finanziellen Erfolg.
- Du kannst dieses Kapitel immer wieder lesen und auch deine Glaubenssätze damit immer wieder überprüfen.
- Wenn du dich innerlich gegen die Übungen sträubst, dann mache sie erst recht.
- Bewusste und unbewusste Glaubenssätze über Geld und Investieren bestimmen deine Realität.
- Glaubenssätze können förderlich oder hemmend sein.
- Negative Glaubenssätze führen oft zu negativen Ergebnissen.
- Erfolgreiche Menschen sind Optimisten und geben alles für ihren Erfolg.
- Es ist wichtig, dir bewusst zu machen, welche negativen Glaubenssätze du hast, und diese positiv zu verändern.
- Beweise und Beispiele untermauern deine neuen Glaubenssätze.
- Reflektiere die Auswirkungen deiner Glaubenssätze auf dein Leben.
- Jeder hat hemmende Glaubenssätze zum Thema Geld, Wohlstand und Investieren, sonst wären alle bereits finanziell frei.
- Ratschläge solltest du nur von Menschen annehmen, die erfolgreich in dem Bereich sind, in dem du den Ratschlag suchst!

- Alle können negative Glaubenssätze in positive umwandeln. Fang also an, deine negativen Überzeugungen über Bord zu werfen, ersetze sie durch förderliche Einstellungen zu Geld und verändere damit deinen Kontostand.
- Um reich zu werden, musst du dich auf eine neue Reise begeben, alte Glaubenssätze hinterfragen und positiv über Geld denken.

2. KAPITEL

Verliebe dich in dich selbst und in dein Geld!

Selbstbewusstsein ist das A und O

Du hast dir dieses Buch gekauft, weil du lernen willst, wie du mit Aktien ein Vermögen aufbauen kannst. Aber wir werden in einer Disziplin nie richtig gut, wenn wir nicht an uns selbst glauben. Das hört sich vielleicht trivial an, doch es ist ganz essenziell:

Du musst erst einmal daran glauben, dass du den Markt schlagen kannst!

Das heißt, dass du eine bessere Rendite als 8 Prozent pro Jahr erwirtschaften kannst. Wie du oben in den Aktiencharts gesehen hast, gibt es Aktien, die viel mehr Rendite erwirtschaften. Glaube daran, dass du sehr gut darin bist, Aktien auszuwählen, die *outperformen*, also die mehr als diese berüchtigten 8 Prozent Rendite im Jahr erzielen. Das geht nur, wenn du selbstbewusster wirst und dir somit deiner Selbst bewusst wirst.

Wer bist du und was sind deine Stärken?

Ständig konzentrieren wir uns in der Schule und bei der Arbeit auf unsere Fehler und Schwächen. Das führt dazu, dass wir immer das Gefühl haben, etwas wieder nicht zu können, wieder nicht gut genug zu sein, wieder versagt zu haben. Das deprimiert uns und macht unzufrieden! Das Fach Mathematik ist hier ein gutes Beispiel. Vielleicht wurde dir in Schulzeiten häufig gesagt: Mathe ist kompliziert und schwierig. Das Fach hat dir nie richtig Spaß gemacht und du warst auch nicht so richtig gut darin? Im Endeffekt kommt es immer nur darauf an, wie du darüber denkst und wie spannend es dir beigebracht wird. Vielleicht hättest du dich ja richtig in die Mathematik verliebt und wärst sehr gut gewesen, wenn sie dir positiv vermittelt worden wäre?

Aber auch über dich darfst du anfangen, Gutes zu denken. Verliebe dich in dich selbst und stelle dich selbst an erste Stelle. Was denkst du über dich selbst? Weißt du, was alles in dir steckt? Kennst du deine Superkräfte? Oder schlummert – wie bei den meisten Menschen – vieles in dir, was du gerade noch nicht sehen kannst? Vielleicht liegt noch einiges versteckt unter den allgegenwärtigen Deckmänteln von Unsicherheit, Angst und Zweifel? Es wird Zeit, diese abzulegen. Und glaube mir, all dies kenne ich auch, doch ich habe gelernt, mich nicht mehr davon aufhalten zu lassen.

Wie wäre es also, wenn du aus der Freude heraus handeln würdest? Aus vollem Herzen mit einem Strahlen im Gesicht? Wie wären dann deine Ergebnisse? Aus meiner Erfahrung heraus kann ich dir versichern, dass die Resultate viel besser werden, wenn du an dich glaubst. Es fällt uns so viel einfacher, Sachen zu machen, in denen wir gut sind, die uns interessieren und die wir mit großer Freude tun. Das soll nicht heißen, dass du mit etwas aufhören sollst, sobald es dir mal keine Freude bereitet. Dieses Buch schreibe ich unglaublich gern, aber bei der achten Korrekturschleife muss ich mich auch mal durchbeißen. Das ist normal. Es ist wichtig, dass wir Projekte und Dinge, die uns wichtig sind, zu Ende bringen und nicht aufgeben, wenn es mal ein bisschen schwieriger wird.

Wenn du in Aktien investierst, kann es sein, dass du dich mal über den Markt, deine Aktienauswahl oder über eine nicht gekaufte Aktie ärgerst, die durch die Decke ging. Auch das ist normal und gehört dazu. Es macht jedoch einfach Sinn, in Aktien zu investieren. Deswegen habe ich dieses Buch auch für dich geschrieben, denn ich möchte dich hier motivieren, anzufangen, in Aktien zu investieren, und dranzubleiben – es lohnt sich auf jeden Fall.

Wichtig ist deine Grundeinstellung

- Macht es dir Freude, wenn sich dein Geld vermehrt?
- Macht es dir Freude, wenn du selbst Entscheidungen triffst?
- Macht es dir Freude, wenn du neue Fähigkeiten lernst?

Wenn du jetzt innerlich dreimal mit **Ja** geantwortet hast, dann ist dieses Buch genau das Richtige für dich. Wenn du dir noch unsicher bist oder sogar mit **Nein** geantwortet hast, dann ist es das auch, denn ich nehme dich an die Hand und zeige dir eine neue Welt, die ganz viel Freude in dein Leben bringen wird. Schenke mir bitte einen Vertrauensvorschuss und lasse dich auf diese Reise ein.

Genieße dein Leben und die Reise, denn es werden sich so viele tolle Möglichkeiten ergeben, die du dir jetzt noch gar nicht vorstellen kannst. Ich hätte es selbst nicht geglaubt, aber ich erlebe es nicht nur selbst, sondern sehe es auch täglich bei den Teilnehmerinnen meiner Kurse. Erst verändern sie ihre Einstellung über sich und zum Thema Geld und dann verändern sie ihr ganzes Leben. Viele generieren sich mit Aktien ein monatliches Einkommen oder zahlen ihre Urlaube daraus. Manche kündigen oder starten einen neuen Job, während sich einige sogar selbstständig machen. Andere investieren zusätzlich in Immobilien und Krypto. Deswegen ist es so wichtig, dass du dich in dich selbst und deine Fähigkeiten (neu) verliebst. Wenn du nicht an dich glaubst, kannst du nicht verlangen, dass es jemand anderes tut. Ich habe zwei kleine Kinder, wenn sie Neues wagen, rufe ich ihnen laut zu: »Leni, du schaffst das! Emi, du kannst das!« Damit will ich ihnen Mut machen und ihre Lust wecken, Neues auszuprobieren und über sich selbst hinauszuwachsen.

Jetzt sind wir jedoch keine kleinen Kinder mehr, wahrscheinlich steht auch keine Mutter mehr neben dir und ruft: »Du schaffst das!« Du kannst es dir aber ab sofort selbst zurufen. Stelle dir vor, du hast einen kleinen Mutengel auf einer Schulter sitzen, der dir immer wieder gut zuspricht: »Ich glaube an dich.« Dein kleiner Zweifelteufel auf der anderen Schulter ist verreist. Er ist im Urlaub und so weit weg, dass du ihn gar nicht hörst! Hier geht es darum, Flügel zu bekommen und nicht zwei Hörner und einen langen Schwanz.

Dein Selbstbewusstsein ist das A und O

Wenn du dich mit einer neuen herausfordernden Tätigkeit beschäftigst, gibt es eines, was du unbedingt brauchst: Selbstbewusstsein. Um anzufangen, um durchzuhalten und um den Mut zu haben, anders zu denken sowie alte Muster zu hinterfragen. Leider zweifeln wir oft an uns oder haben Ängste, die uns zurückhalten, anstatt voller Tatendrang Neues auspszuprobieren. Für nachhaltigen Erfolg an der Börse möchte ich dir dabei helfen, dein Selbstbewusstsein zu steigern.

Dafür möchte ich dir als Erstes eine Geschichte von mir erzählen: Mai 2013, ich stehe im Labor, trage einen weißen Kittel und pipettiere Flüssigkeiten von einem zum anderen Behältnis.

In wenigen Monaten werde ich meine Promotion abschließen, muss mich also dringend auf die Suche nach einer neuen Stelle machen. Schließlich verdiene ich in meinem derzeitigen Labor nur ein paar Euro pro Stunde. Und eines ist klar: Nach so vielen Jahren im Studium will ich eine Anstellung, bei der ich endlich ordentlich Geld verdiene. Motiviert und voller Vorfreude mache ich mich am Abend auf einigen Jobportalen auf die Suche nach einer passenden Anstellung für mich. Das Ergebnis lässt mich an meinen Fähigkeiten zweifeln: Anscheinend kann ich nichts von dem, was der Arbeitsmarkt braucht. Bei der einen Stelle kann ich mich nicht bewerben, weil mir die erforderliche Berufserfahrung fehlt, bei der anderen die nötigen Zusatzqualifikationen und Führungskompetenzen. Ich frage mich, für welche Stelle ich denn überhaupt qualifiziert sein könnte – und das nach so vielen Jahren Studium. Mir wird mulmig zumute.

Kann es denn wirklich sein, dass ich nicht genug Erfahrung habe? Und wie soll es dann weitergehen, wenn ich keine Anstellung finde? Soll ich dann weiter für ein paar Euro pro Stunde Flüssigkeiten von A nach B pipettieren? Aufgeben ist jedoch nie eine Option und ich stieß auf eine Übung in einem Buch über Bewerbungen, die dabei helfen sollte, von sich zu überzeugen. Sie hilft aber nicht nur im Bewerbungsverfahren, sondern auch in jeglicher Form dabei, selbstbewusster und selbstreflektierter zu werden. Deswegen will ich sie dir heute ans Herz legen. Ich habe auch dank dieser Übung meine damalige Traumanstellung bekommen.

Diese Übung ist magisch, denn sie hilft dir aus der Schwäche in die Stärke, sie verdeutlicht dir:

- Wie grandios du bist.
- Wie viel Mut in dir steckt, den du momentan noch gar nicht siehst.
- Welche Stärken du hast, auch wenn du sie selbst nicht kennst.

Ich lade dich von Herzen dazu ein, die Übung jetzt direkt zu machen, denn sie hilft dir, aus der Schwäche und hinein in deine Stärke zu kommen.

Übung

Das sind deine Stärken

Schreibe eine Nachricht an deine Familie, Freunde und Freundinnen, Arbeitskollegen und andere Menschen, die dir wichtig sind, zum Beispiel über WhatsApp oder per E-Mail. Bitte darin, dir zu schreiben, welche Stärken sie besonders an dir schätzen.

Du könntest zum Beispiel schreiben:

> Liebe XY, ich lese gerade Dr. Carmen Mayers Buch *Mami goes Millionär*. Darin gibt es eine Übung, bei der ich deine Hilfe brauche. Kannst du mir daher verraten, welche Stärken du besonders an mir schätzt? Ich danke dir von Herzen.
> *Alles Liebe* ♥

Nimm dir dann in Ruhe Zeit für die Antworten dieser Menschen. Deren Worte dürften sich wie ein warmer Sommerregen auf deiner Haut anfühlen. Wusstest du, dass diese Menschen so über dich denken? War dir bewusst, wie großartig du eigentlich bist?

Als ich diese Übung damals machte, waren die Worte in den Antworten für mich wie Balsam für meine Seele! Ich freute mich so sehr über die wunderbaren Aussagen, die ich über mich las, und fühlte mich davon total motiviert. Meine Zweifel schrumpften von Nachricht zu Nachricht.

> Liebe Franzi,
> ich lese gerade ein Buch. 📖
> Hier ist eine Übung, bei der ich deine Hilfe brauche. Kannst du mir sagen, welche Stärken 💪 du besonders an mir schätzt?
> Ich danke dir von Herzen, alles Liebe 🫶
> Carmen
> 11:45 ✓✓

Eine Freundin schrieb mir zum Beispiel:

> Du kannst so toll erklären. Du solltest Coach werden. Wenn Du Dinge erklärst, machst du auch schwierige Dinge greifbar.
> 11:54

Ein Freund sagte:

> Wenn ich bei Dir bin, ist alles immer leicht und Du hast immer eine Lösung.
> 11:55

Und weißt du was? Diese Übung hatte letztlich eine unglaublich motivierende Wirkung auf mich! Ich bewarb mich auf mehrere tolle Stellen. Der Ausschreibung nach war ich zwar nicht zu 100 Prozent dafür geeignet – aber das war mir jetzt egal. Die Übung hat mich so motiviert und ich wollte unbedingt zeigen, was alles in mir steckte. Daraufhin bekam ich genau die Stelle, die ich unbedingt haben wollte. Kurz vor diesem Vorstellungsgespräch las ich mir noch einmal alle erhaltenen Nachrichten mit all »meinen Superkräften« durch und war selbstbewusster denn je.

Das kannst du auch!

Falls es dir noch keiner gesagt hat: Du bist so viel stärker, als du glaubst. In dir steckt so vieles verborgen, was nur darauf wartet, hervorgeholt zu werden. Mache dir deine Superkräfte bewusst, denn du bist einzigartig und ein Geschenk für diese Welt. Vergiss dabei auch nicht, dass du alles lernen und alles schaffen kannst! Du musst dafür nur losgehen und es umsetzen. Ich glaube an dich! Was ich geschafft habe, schaffst du auch. Lerne, deine Finanzen selbst in die Hand zu nehmen, an der Börse zu investieren und dir so dein Traumleben zu erfüllen.

Übung

Deine Stärken beim Investieren

Schreibe hier auf, welche Eigenschaften und Stärken dir deine Freundinnen, Familie und Bekannte zugeschickt haben. Markiere farbig, welche dieser Stärken dir auch beim Investieren helfen können!

Zum Beispiel bist du: mutig, diszipliniert, neugierig, wissbegierig, risikofreudig, sicherheitsbewusst, organisiert, intelligent usw. Viele Eigenschaften kannst du fürs Investieren einsetzen und sie können dir dabei helfen, eine noch bessere Investorin zu sein. Mache sie dir bewusst und finde für diese Eigenschaften Gründe, wieso sie dir beim Aktienhandel nützlich sein können. Disziplin hilft dir beispielsweise dabei, dranzubleiben und auch dann nicht aufzugeben, auch wenn es mal schwieriger wird. Sie hilft dir, dich an deine gesetzten Regeln zu halten und durchzuziehen, bis du deine Ziele erreicht hast. So haben unglaublich viele Eigenschaften grandiose Vorteile für die Börse.

Geld ist dein neuer guter Freund

Das Thema Geld ist in unserer Gesellschaft immer noch sehr negativ behaftet. Folgende Probleme resultieren gern daraus:

1. Über Geld wird wenig gesprochen und wenn, dann meist negativ.
2. Das, was wir lernen, ist oft falsch. Das sieht man auch daran, dass die meisten Menschen nicht vermögend sind und nicht investieren.
3. Weder in der Schule noch an der Universität (nicht einmal im BWL-Studium) wird einem beigebracht, wie man vermögend wird.

Wenn du also lernen willst, wie du reich werden kannst, musst du dich auf eine neue Reise begeben, viele deiner alten Glaubenssätze hinterfragen, offen dafür sein, völlig anders über Geld zu denken und zu sprechen. Deswegen haben wir uns im ersten Kapitel so intensiv mit den Glaubenssätzen beschäftigt.

Jetzt darfst du Geld als guten Freund ansehen. Vielleicht hast du ihn vorher nicht beachtet, aber wenn du möchtest, dass er bei dir bleibt und mit dir durchs Leben geht, musst du ihm jetzt einen wichtigen Platz in deinem Leben einräumen. Wie willst du reich werden, wenn du innerlich das Thema meidest und negativ über vermögende Menschen denkst?

Auch hier gibt es eine magische Übung, die dir bei der Reflexion darüber hilft, in welcher Beziehung du in der Vergangenheit zu Geld gestanden hast, wie du aktuell zu Geld stehst und was du in Zukunft mit Geld verbinden möchtest:

Übung

Schreibe einen Liebesbrief ans Geld

Denke hierbei nicht so viel nach, sondern schreibe einfach drauf los. Lass es fließen. Lass alles raus, was dir in den Sinn kommt.

Mein liebes Geld, du warst früher ...

Mein liebes Geld, du bist heute ...

Mein liebes Geld, du wirst in Zukunft ...

So könnte das kurz gefasst bei dir aussehen:

Mein liebes Geld, du warst früher nicht da und hast mir gefehlt. Ich konnte mir nie alles kaufen, was ich so gerne wollte.

Mein liebes Geld, du bist heute bei mir, aber ich arbeite die ganze Zeit hart für dich. Ich habe weder für mich noch meine Familie genügend Zeit und ich behalte auch deine Entwicklung nicht im Blick. Ich bin eher genervt davon, dass ich so sehr auf dich aufpassen muss. Du rinnst mir durch die Finger.

Mein liebes Geld, du wirst in Zukunft mein bester Freund. Ich werde mich um dich kümmern und dafür kommst du immer mehr und mehr in mein Leben. Du erfüllst mich mit Glück, alles entspannt sich. Ich werde mehr Zeit für dich, mich und meine Liebsten haben.

Vielleicht möchtest du dein Geld jetzt mehr lieben, mehr in den Fokus nehmen und deine Energie darauf richten. Dort wo deine Energie hingeht, passiert das Außergewöhnliche. *It's like magic.*

Diese ersten zwei Kapitel in meinem Buch liegen mir sehr am Herzen. Als ich damit angefangen habe, Menschen beizubringen, wie die Welt der Aktien funktioniert und meine Aktien-Investoren-Ausbildung entwickelt habe, gab es Menschen in meinem Umfeld, die sagten: »Erklär' nur, wie man ETFs kauft, denn Einzelaktien versteht doch echt niemand. Und lass bloß das mit dem Mindset weg, das will niemand hören und das braucht man auch nicht.« Aber es widerstrebte mir. Ich habe mir so viel Wissen angeeignet und umgesetzt. Und mein monetärer Erfolg gab mir schließlich Recht. Also entschied ich mich dazu, genau das zu unterrichten, was ich selbst anwendete, an das ich voll und ganz glaubte und wovon ich überzeugt bin. All die Vorarbeit und die persönliche Weiterentwicklung sind unglaublich wichtig, um langfristig vermögend zu werden und zu bleiben. Ohne diese Übungen wäre ich niemals eine so erfolgreiche Investorin und Unternehmerin geworden. Genau das wünsche ich dir auch.

Ich will dir hier noch einen weiteren Impuls mitgeben:

Mache dir bewusst, dass deine Gedanken zu deiner Realität werden. Diesen Satz hast du vielleicht schon öfter gehört? Er ist in Bezug auf Geld wirklich mächtig. Achte bewusst auf deine alltäglichen Gedanken – insbesondere bei den Themen Geld und Reichtum. Wenn du negativ und abwertend denkst, tust du dir damit nichts Gutes, sondern verankerst nur einen Mangel in dir. Sei immer dankbar für alles, was du schon hast und was du bekommst. Wenn du eine Frau in einem schicken Auto siehst, denke nicht: »Wie kann sie sich das leisten? Das ist doch sicher das Auto ihres Mannes.« Sondern freue dich für sie, schicke ihr Liebe und nimm es als Motivation für dich mit, auch bald so ein Auto zu fahren, wenn du das willst.

Zusammenfassung

- Glaube an dich selbst und daran, dass du den Markt schlagen kannst.
- Konzentriere dich auf deine Stärken und lerne, dich selbst wertzuschätzen.
- Verliebe dich in dich selbst und setze dich an erste Stelle.
- Finde Freude daran, dein Geld zu vermehren und selbst Entscheidungen zu treffen.
- Nutze die Stärkenübung, um etwas über deine Superpower zu erfahren.
- Die positiven Rückmeldungen helfen dir dabei, deine eigenen Superkräfte zu entdecken und an dich selbst zu glauben.
- Du kannst ohne einen Spiegel dein eigenes Gesicht nicht sehen. So ist es auch oft mit deinen Talenten und Stärken. Du erkennst sie selbst nicht so gut wie jemand, der oder die dir nahesteht.
- Steigere dein Selbstbewusstsein, um erfolgreich an der Börse zu sein.
- Welche deiner Eigenschaften helfen dir dabei, eine grandiose Börseninvestorin zu werden?
- Selbstbewusstsein ist entscheidend, um Neues auszuprobieren und alte Muster zu hinterfragen.
- Ändere deine Einstellung zum Geld und betrachte es als Freund. Schreibe einen Liebesbrief ans Geld, um eure Beziehung zu reflektieren.
- Setze deine Energie und Aufmerksamkeit auf dein Geld und vertraue auf den Erfolg.
- Persönliche Weiterentwicklung und Mindset sind entscheidend für einen langfristigen finanziellen Erfolg.
- Du kannst alles lernen und alles erreichen, was du willst. Du musst nur losgehen und umsetzen!

3. KAPITEL

Wann ist man eigentlich finanziell frei?

Finanzplan

Meine Geschichte ist nicht geprägt von einem finanziellen Nullpunkt oder großen Dramen. Als ich drei Jahre alt war, kam ich mit meinen Eltern aus Polen nach Deutschland. Wir hatten nie viel Geld, aber wir waren auch nicht arm. Seitdem ich selbst Geld verdiene, ging und geht es mir finanziell immer gut. Als ich 2017 meine Reise zur finanziellen Freiheit antrat, schaute ich auf mein Bankkonto und sah 30 000 Euro. Das sollte das Ergebnis von 30 Jahren Leben sein? Ob das jetzt viel oder wenig Geld ist, kannst du selbst für dich entscheiden. Für mich war es nicht genug, denn ein Haus in München konnte ich damit nicht finanzieren. Vielleicht eine Garage, aber keine schöne Immobilie. »Was kann ich mir davon schon kaufen?«, dachte ich mir. »Ein Auto oder eine neue Küche?! Aber dann stehe ich bei null und fange wieder von vorne an.« Das Haus rückte in weite Ferne. Nein, nein und nochmals nein! Ich wollte – und ja, ich **musste** etwas ändern. Denn ich wollte definitiv mehr vom Leben. Ein Leben in Reichtum und Fülle ist und war schon immer mein absoluter Herzenswunsch. Also musste ich etwas anders machen als bisher.

»Die Definition von Wahnsinn ist, immer wieder das Gleiche zu tun, aber andere Ergebnisse zu erwarten.«
Albert Einstein

Eins war mir klar: Es musste erst ein Überblick her, damit ich mehr Geld in mein Leben holen konnte. Bis dato hatte ich nur auf mein Konto geschaut. Jetzt wollte ich den Blick erweitern: Wo könnte sonst noch Geld in meinem Leben sein?

Kennst du das? Du hast einen Kleiderschrank voll mit »Nichts-zum-Anziehen«? Eigentlich hast du 1000 Kleidungsstücke unordentlich und eng zusammengedrückt. Aber du trägst immer nur dieselben zehn Sachen. Hast du auch das Gefühl, immer nichts zum Anziehen zu haben? Geld funktioniert ähnlich! Wenn du keine klare Ordnung und kein System in deinem Geldhaushalt hast, hast du immer das Gefühl, im Mangel zu sein: nicht genug Geld zu haben, obwohl du ganz gut verdienst. Am Ende des Monats bleibt trotzdem nicht viel übrig. Denn du nutzt dein gesamtes Potenzial nicht aus.

Klingt banal, ist aber unglaublich wichtig: Ordnung ist der erste wichtige Schritt, um mehr Geld in dein Leben zu holen.

Du kannst beispielsweise deinen Kleiderschrank aufräumen und zig neue Kombinationsmöglichkeiten für dich ausprobieren. Genauso habe ich es auch mit meinem Geld gemacht: Ich habe Ordnung geschaffen und eine klare Übersicht erhalten. Dabei bin ich auf viele versteckte Geldbeträge gestoßen. Was ich bei mir und meinem Mann Markus gefunden habe? Lebensversicherungen, Rentenversicherungen, Bargeld, Sparbücher, ein Grundstück und einige bis dahin mir unbekannte Schätze. Ja, sogar ein Aktiendepot meines Mannes. Davon hatte ich noch gar nichts gewusst. Insgesamt brachte mich meine Suche auf einen recht hohen Betrag und ich war begeistert. Das war motivierend und zeigte mir, dass schon so viel mehr da war, als ich mir überhaupt vorstellen konnte – mit nur einer einzigen Suche.

Abhängig davon, ob du Single, alleinerziehend bist oder in einer Partnerschaft lebst, kann sich die Lage deiner Finanzen deutlich unterscheiden. Trägst du allein alle Kosten oder hast du ein Gemeinschaftskonto mit deinem Mann? So oder so kann ich dir von Herzen empfehlen: Ordne zunächst deine eigenen Finanzen und alles, worüber du allein verfügen kannst. Beziehe dann im nächsten Schritt deinen Partner oder deine Partnerin mit ein. Möglicherweise ist dein Gegenüber erst einmal nicht begeistert oder will sich damit nicht beschäftigen. Aus eigener Erfahrung und von vielen Kursteilnehmerinnen weiß ich aber, dass es ein enormer Booster ist, wenn sich Paare gemeinsam um ihre Finanzen kümmern. Das ist zu vergleichen mit der Sorge um die eigenen Kindern oder den Hund. Hier sind in einer Partnerschaft auch beide verantwortlich. Jeder trägt durch seine Art und Weise etwas Besonderes zu der Beziehung bei. So fehlt mir zum Beispiel oft die Geduld, aber dafür traue ich mich, neue Wege zu gehen und leite häufig wichtige Schritte für uns ins Leben. Markus ist dagegen sehr diszipliniert und führt alles picobello zu Ende. Zusammen ergänzen wir uns und schaffen viel mehr, als wir einzeln könnten. Das könnte bei dir und deiner Partnerschaft ähnlich sein. Nutzt eure Stärken.

Du kannst die unten stehende Übung erst allein, dann aber sinnvollerweise direkt mit deinem Partner machen.

Wie viel Geld hast du schon?

Mache im ersten Schritt diese Übung, um zu sehen, wie viel (unbewussten) Reichtum du als Nettovermögen schon in deinem Leben hast. Räume damit deinen Geldhaushalt auf! Vielleicht denkst du dir gerade: »Aber ich habe doch keine 30 000 Euro und auf gar keinen Fall 100 000 Euro.« Das macht gar nichts. Fang einfach da an, wo du jetzt stehst. Und wenn du kein Erspartes hast, dann beginnst du mit dem, was du hast. Du kannst jeden Tag anfangen und dein Leben verändern. Mach die Übung völlig ohne Bewertung, werte also bitte auch nicht ab, was du aktuell hast: Für die eine sind 1 000 Euro viel Geld, für die andere 100 000 Euro wenig. Es kommt immer auf die aktuelle Lebenslage an und auch, welches Gefühl du mit dem Betrag verbindest. Ein Milliardär, der über Nacht nur noch 1 Million Euro hat, fühlt sich arm – du aber träumst vielleicht davon, eines Tages Millionärin zu sein. Das Wichtigste: Du darfst den ersten Schritt gehen und anfangen. Du wirst erstaunt sein, wie viel Geld bereits in deinem Leben ist.

Übung

Schreib alle Geldbeträge auf, die du bei dir findest

Ich erkläre dir vorab, was du beachten musst. Durchsuche erstmal in Ruhe deine Unterlagen. Vielleicht hast du alles ordentlich in einem Ordner, vielleicht geht es dir aber wie mir damals und du musst erst einmal mühsam alles zusammensuchen. Das hat mich Zeit gekostet, aber es hat sich gelohnt. Ich habe mich dadurch sofort viel reicher gefühlt. Nimm dir also Zeit dafür und verschaffe dir eine solide Übersicht über deine Finanzen.

Wichtig: Es geht nicht darum, dass du jetzt Versicherungen kündigen sollst, weil sie womöglich nicht die beste Rendite erwirtschaften. Vielmehr sollst du dir mit dieser Übung eine Übersicht über dein gesamtes Nettovermögen verschaffen und herausfinden, wo all dein Geld steckt. Es gibt Versicherungen, wie zum Beispiel eine Zahnzusatzversicherung, in die man nur Geld einzahlt, aber nie Kapital aufbaut. Diese sind irrelevant für diese Übung. Hier geht es nur darum, herauszufinden, wie viel Vermögen du bereits aufgebaut hast.

Schreibe im Folgenden alle Geldbeträge auf, die du findest:

Bargeld: (Jede Münze zählt! Auch die, die in der Wohnung herumfliegen.)

Tagesgeldkonto:

Girokonto/Konten:

Kreditkartenkonto/Sparbuch:

Lebensversicherungen: (Wenn du diese heute kündigen würdest, wie viel Geld würdest du bekommen?)

Private Rentenversicherungen: (Wie viel Geld würdest du erhalten, wenn du sie kündigen würdest?)

Gutscheine:

Schmuck: (Nur den Materialwert von Gold und Silber.)

Immobilien: (Nur der wirklich abbezahlte Teil.)

Grundstücke: (Nur, falls abbezahlt.)

Gold als Anlage:

Kunst:

Andere Wertgegenstände:

Aktiendepot:

Fonds:

Patente:

Tantiemen:

Sonstiges:

Welche Erkenntnisse hast du aus dieser Übung gewonnen?
Wie hoch ist dein Nettovermögen in Summe?
Fühlst du dich jetzt reicher? – Ich hoffe doch sehr!

Hast du Geldbeträge gefunden, von denen du gar nicht mehr wusstest, dass du sie hast? Große Überraschungen?

Hast du unnötige Versicherungen, die du kündigen könntest, um dein Geld besser anzulegen?

Weißt du genau, wofür du monatlich dein Geld ausgibst? Führst du ein Haushaltsbuch?

Das, was du an Liquidität, Gold, abgezahlten Immobilien, Aktien und so weiter besitzt, ist dein Nettovermögen. Die meisten Menschen konzentrieren sich immer nur auf ihr Einkommen. Das ist aber sekundär, denn es kann sein, dass du jeden Monat dein gesamtes Einkommen ausgibst, also niemals Vermögen aufbaust und finanziell frei wirst.

- Du kannst monatlich 2000 Euro verdienen und davon 500 Euro sparen.
- Du kannst aber auch 2000 Euro verdienen und 2000 Euro ausgeben.

Die eine, die alles ausgibt, ist immer abhängig von ihrem Gehalt, während sich die andere im Laufe der Zeit ein Geldpolster aufbauen und unabhängig von ihrem Einkommen leben kann. Wie hört sich das für dich an? Motiviert dich das?

Lass uns doch mal schauen, was aus deinem Geld wird, wenn du 500 Euro im Monat zehn Jahre lang und bei einer Rendite von

15 Prozent anlegst. Was glaubst du? Es sind über 130 000 Euro! Wenn du das 18 Jahre lang machst, zum Beispiel ab der Geburt deines Kindes, dann sind es sogar fast 500 000 Euro, wenn dein Kind volljährig wird. Hättest du das für zwei Kinder gemacht, wärst du Millionärin. Bekanntlich führen viele Wege nach Rom, deswegen haben wir jetzt erst einmal unsere Finanzen aufgeräumt, um im nächsten Schritt mehr daraus zu machen.

Wie viel Geld gibst du aus?

Im Folgenden geht es darum, deine Ausgaben genauer unter die Lupe zu nehmen. Wofür gibst du jeden Monat dein Geld aus? Als ich anfing, meinen Geldhaushalt aufzuräumen, dachte ich zuerst über diese Frage nach: Wo geht mein Gehalt jeden Monat hin? Dabei fiel mir auf, dass ich keinen Überblick über meine Ausgaben hatte. Klar hatte ich davor schon von einem Haushaltsbuch gehört. »Aber das ist doch echt nur was für Spießer«, dachte ich mir. Von allen Seiten hörte ich, dass finanzielle Ordnung notwendig sei. Ich war bereit, alles dafür zu tun, um meinem Ziel, einem Haus mit Garten in München, näher zu kommen. Also schrieb ich nun ein Jahr lang alle Ausgaben akribisch auf und ordnete sie verschiedenen Bereichen zu. Darauf kommen wir später noch mal zurück, denn ich will dich auch zum Führen eines solchen Haushaltsbuchs ermutigen.

Wenn du damit anfängst, wirst du für dich wichtige Erkenntnisse gewinnen und ein gutes Gefühl für dein Geld bekommen. Vielleicht hast du viele unnötige Ausgaben? Oder du sparst monatlich viel Geld, aber es bleibt einfach auf deinem Konto liegen. Wichtig ist, dass du dir alle deine Einsichten aufschreibst und sie dir bewusst machst. Ich habe durch diese Übung einige Erkenntnisse über meinen Geldfluss erhalten: Wir hatten nur wenige unnötige Ausgaben, ich habe aber einige Versicherungen gekündigt. Zum Beispiel eine Lebens- und eine Rentenversicherung, weil sie über die Jahre keine Rendite erwirtschaftet haben. Was mir auf alle Fälle klar wurde, war: All das Sparen bringt nichts, wenn ich bei dem Geld keinen Turbo einschalte.

Übung

Führe ein Haushaltsbuch

1. Ordnung schaffen

Notiere alle deine Einnahmen und Ausgaben, bringe damit Ordnung in deine Finanzen.

2. Einnahmen

Ganz oben habe ich Platz für deine Einkünfte gelassen, die sich aus verschiedenen Quellen zusammensetzen können. Lass dich von leeren Feldern dabei nicht abschrecken, denn das kann sich über die Jahre ändern. Als ich 2017 das erste Mal ein Haushaltsbuch geführt habe, stand bei meinen Einnahmen »nur« Gehalt und Kindergeld.

3. Fixe Ausgaben

Wie hoch sind deine monatlich in etwa gleichbleibenden Ausgaben in den verschiedenen Bereichen wie Essen, Kosmetik, Handy, Fitness, Versicherungen und Miete?

4. Variable Ausgaben

Wie hoch sind deine sonstigen monatlichen Kosten in etwa? Diese schwanken jeden Monat, denn manchmal kauft man Kleidung, Geschenke oder gar ein neues Möbelstück. Wichtig ist, dass du dich mit deinen Geldflüssen beschäftigst: Wie viel Geld kommt monatlich rein, wie viel gibst du aus und wie viel Geld bleibt davon übrig? Das macht auch jede Firma.

Fülle jetzt für diesen Monat die Tabelle aus und halte fest, wie hoch deine Einnahmen und Ausgaben sind:

Einnahmen	**Euro**
1. Gehalt	
2. Gehalt	
Kindergeld	
Dividende	
Stillhaltergeschäft	
Affiliates	
Tantiemen	
Beteiligungen	
Mieteinahmen	
…	
…	
Sonstiges	
Summe	

Fixkosten Ausgaben	**Euro**
Miete	
Versicherungen	
Telefon, Handy, Internet	
Unterhalt	
Streamingdienste	
Sport und Hobby	
Kindergarten und Schule	
Auto	
Wasser, Strom, Gas	
…	
…	
Sonstiges	
Summe	

Variable Ausgaben	**Euro**
Essen und Trinken	
Kleidung	
Urlaub	
Beauty	
Freizeit und Spaß	
Anschaffungen	
Haus und Garten	
Geschenke	
...	
...	
Sonstiges	
Summe	

War dir das bewusst? Hast du das Gefühl, dass deine Fixkosten hoch sind – oder eher nicht? Bleibt deiner Meinung nach viel übrig für variable Ausgaben? Wie wünscht du es dir?

Übung

So ist dein Ist-Stand

Fülle die folgenden Lücken für dich aus:

So viel Geld habe ich durch die Übung 1 gefunden:

______________ Euro.

Ich fühle mich ____

____.

Diesen Monat habe ich eingenommen: ______________ Euro.

Diesen Monat habe ich ausgegeben: ______________ Euro.

Es bleiben daher übrig: ______________ Euro.

Nimm dir die Zeit und fülle alles aus: Wenn du dieses Buch in zwei Jahren wieder in die Hand nimmst, ist das ein unglaublicher Augenöffner. Am effektivsten ist es, wenn du mindestens zwölf Monate lang das Haushaltsbuch führst. So kannst du dich mit deinen Geldflüssen vertraut machen und behältst die Übersicht sowie Kontrolle über dein Geld. Der Vorteil liegt darin, dass dir unnötige oder unverhältnismäßige Ausgaben auffallen und du somit wieder mehr Geld in dein Leben schaffst. Das heißt auf keinen Fall, dass du nicht mehr essen gehen oder dir nichts mehr gönnen solltest, sondern dass deine Ausgaben im Verhältnis zueinander stehen dürfen.

Viele Menschen haben den Umgang mit Geld nie gelernt. Einige sparen ihr Leben lang wie verrückt und gönnen sich nichts, während andere immer alles ausgeben, sodass sie am Ende jeden Monats bei null dastehen. Damit du ein gut ausbalanciertes Leben hast, gebe ich dir ein System an die Hand, womit du zum Geldmagneten wirst.

Das magische Sechs-Konten-Modell

Ein kleines Beispiel zur Verdeutlichung: Stehen beim Fußball alle elf Spieler im Tor? Nein! Warum ist das so? Weil jeder Fußballspieler seine Aufgabe auf dem Spielfeld hat. Der Torwart steht bekanntlich im Tor und tut alles, damit kein Ball ins Netz geht. Der Stürmer steht auf der anderen Seite des Feldes und schießt im besten Fall viele Tore. So weiß jeder Spieler, was er zu tun hat. Wir könnten das Spiel nicht gewinnen, wenn alle elf Spieler im Tor stünden, aber eben auch nicht, wenn es nur Stürmer gäbe.

Mit unserem Geld verhält es sich gleich: Wenn du all dein Geld für deinen Lebensunterhalt ausgibst, bleibt nichts für die anderen wichtigen Lebensbereiche übrig. So kannst du keine erfolgreiche Investorin werden, weil kein Geld zum Investieren mehr da ist.

Deswegen stelle ich dir heute das Sechs-Konten-Modell vor. Es ist einfach, logisch und magisch, denn hier wird dein Geld auf verschiedene Bereiche verteilt, um dir zum Sieg im Geldspiel zu verhelfen.

Übung

Teile dein Einkommen auf sechs Konten auf

Trage in das obere Feld im folgenden Bild dein gesamtes Nettoeinkommen ein und verteile dann prozentual dein Geld auf die »Töpfe«. Schreibe in die leeren Felder in der Abbildung die ausgerechneten Zahlen:

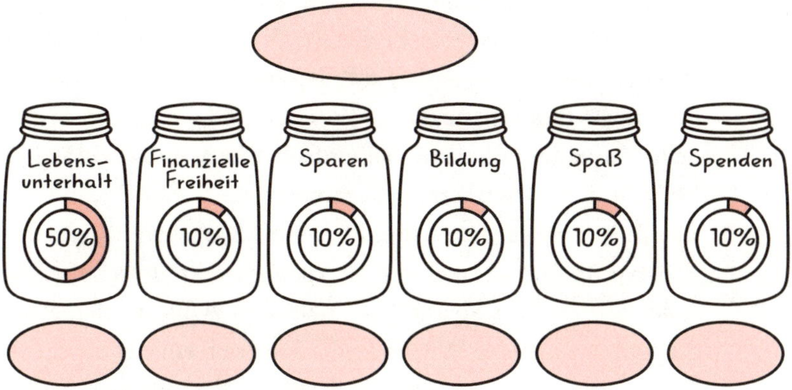

In diesem Modell teilst du nun dein Einkommen auf sechs Töpfe auf: entweder über sechs Unterkonten bei der Bank oder mit abgehobenem Geld und sechs Behältern.

1. **Lebensunterhalt:** Das sollte nicht mehr als **50 Prozent** deines Einkommens ausmachen. Hieraus zahlst du alle monatlichen Kosten wie Essen, Miete, Versicherungen, Strom/Wasser, Internet usw.
2. **Finanzielle Freiheit:** Diese **10 Prozent** legst du immer für deine finanzielle Freiheit zurück. Dieses Geld fasst du nicht mehr an und lässt es weiterwachsen. Es ist deine sogenannte »goldene Gans«, die du nie schlachtest. Der Geldbetrag wird immer größer und größer. So bekommst du auch das Gefühl, immer reicher und reicher zu werden.
3. **Sparen:** Du sparst monatlich weitere **10 Prozent** für dein Auto, Urlaub oder sonstige Ausgaben. Diesen Topf kannst du zum Investieren verwenden.
4. **Bildung:** Ganz wichtig! **10 Prozent** gibst du für Kurse, Coachings, Bücher und deine persönliche Weiterentwicklung aus. Hier ist meiner Meinung nach der größte Hebel. Je mehr du weißt, desto bessere Entscheidungen kannst du treffen.

Je mehr einflussreiche Menschen du kennst, desto schneller kannst du umsetzen. In der Regel kauft man sich in gute Netzwerke ein, das passiert mit diesem Geld. Auch in meiner Aktien-Ausbildung passieren Wunder, weil die Frauen in sich selbst investieren und so viel einfacher lernen und zusätzlich ein grandioses Netzwerk bekommen.

5. **Spaß:** **10 Prozent** werden mit Freude ausgegeben. Es gibt den Spartyp und den Verschwendertyp. Dieses Konto schafft eine Balance, denn der Sparer muss sich dazu zwingen, sich etwas zu gönnen, aber der Verschwender setzt sich ein eigenes Limit. Dieses Konto darf maximal drei Monate lang bespart werden und muss dann ausgegeben werden.
6. **Spenden:** **10 Prozent** deines Einkommens solltest du spenden. Wenn du gibst, kommt noch mehr zu dir zurück. Das Leben ist immer in Balance. Wenn wir bekommen, sollten wir auch geben. Wenn du spendest, fühlst du dich automatisch reicher. Das ist wie mit der Atmung: Du kannst nicht nur einatmen. Du wirst schon bald sehen, wie magisch dieser sechste Geldtopf ist.

Glaub mir, dieses System kann dein Leben verändern. Alles bekommt Struktur und du fängst an, dich selbst zuerst zu bezahlen. Sonst ist es immer andersherum, denn man bezahlt meist alle anderen, um dann zu schauen, was übrig bleibt. Das ist ein sehr passives Verhalten und führt nicht zu Vermögen. Werde stattdessen aktiv und achte darauf, dass sich dein Vermögen vergrößert – mit diesem Kontensystem geht es fast wie von allein.

Wann ist man finanziell frei?

»Finanziell frei« ist eine gängige Floskel, die du sicher schon gehört hast. Was heißt das aber eigentlich? Wann bist du finanziell frei? Weißt du das? (Ich wusste das damals nicht!) Wie viel Geld brauchst du? Das sind essenzielle Fragen, auf die du hier Antworten findest. Denn wir können das alles wunderschön berechnen und dir den nötigen Plan verschaffen.

Finanziell frei zu sein, bedeutet erst einmal, so viel Geld zu haben, dass man bei gleichbleibendem Lebensstil nicht mehr arbeiten müsste. **Beachte:** Ich will damit nicht sagen, dass du nicht mehr arbeiten solltest, aber es ist grandios, diesen Punkt zu erreichen, an dem du finanziell so abgesichert bist, dass du frei entscheiden kannst, *ob* und *was* du arbeiten möchtest. Wäre das erstrebenswert für dich? Wenn ja, dann spitz schon mal deinen Bleistift und hol deinen Taschenrechner heraus. Jetzt wird gerechnet.

Übung

Wie viel Geld brauchst du, um von deinen Zinsen leben zu können?

Wir wollen wissen, wie viel Geld wir auf dem Konto brauchen, um ab sofort von der Rendite unserer Investments leben zu können. Dafür musst du wissen, wie viel Geld du jährlich ausgibst. Denn je mehr Geld du ausgibst, desto größer muss dein Vermögen sein, um davon leben zu können. Oder deine Rendite muss höher werden. Nehmen wir mal an, du brauchst für dich und deine Familie insgesamt 3 000 Euro pro Monat, also 36 000 Euro jährlich. Um zu erfahren wie hoch das Vermögen sein muss, teilst du diesen Betrag durch deine durchschnittliche Jahresrendite. Hier kannst du vorsichtig und konservativ mit 3 bzw. 8 Prozent rechnen, aber eben auch mit 15 Prozent oder mehr. Das erhaltene Ergebnis ist das nötige Vermögen, um bei dieser Rendite von dem Vermögen zu leben, ohne dass es weniger wird! Diese Rechnung begeistert mich einfach immer wieder, denn so bekommt man ein klares

Ziel und konkrete Zahlen. Damit das für dich greifbarer wird: Trage deine errechnete Summe in das Feld unter »Kalkulierte Ausgaben pro Jahr« ein. Zuerst gehen wir von 3 Prozent Jahresrendite aus. Bei den steigenden Zinsen gibt es diese aktuell auf dem Tagesgeldkonto.

Durchschnittlich 3 Prozent Rendite pro Jahr:
36 000 Euro : 0,03 = 1 200 000 Euro

Trage deine Zahlen bei 3 Prozent Rendite hier ein:

Kalkulierte Ausgaben pro Jahr

Benötigtes Vermögen

____ € = ____ € / ____ %

Erwartete Rendite pro Jahr

In unserem Beispiel brauchst du ein Vermögen von 1 200 000 Euro, um bei einer Rendite von 3 Prozent jedes Jahr 36 000 Euro Zinsen zu erhalten. Wichtig hierbei: Wenn du 1 200 000 Euro hättest und das gesamte Geld anlegen würdest, hättest du bei 3 Prozent Rendite jedes Jahr einen Gewinn von 36 000 Euro. Dein Geld würde also nicht weniger werden, sondern du würdest jedes Jahr diese Rendite abheben und ausgeben. Nicht schlecht, oder? Ich sage dir aber eins: Es geht noch besser, schließlich liest du hier ein Aktienbuch. Lass uns zusammen anschauen, wie sich das Vermögen mit der Rendite verändert. Alles andere bleibt gleich:

Durchschnittlich 8 Prozent Rendite pro Jahr:
36 000 Euro : 0,08 = 450 000 Euro

Trage deine Zahlen bei 8 Prozent Rendite hier ein:

Benötigtes Vermögen ______ € = Kalkulierte Ausgaben pro Jahr ______ € / ______ % Erwartete Rendite pro Jahr

Wenn sich deine Rendite von 3 auf 8 Prozent erhöht, brauchst du nur noch ein Drittel des Geldes. Das war für mich damals so ein beeindruckendes *Learning*, dass ich unbedingt hohe Renditen erwirtschaften wollte! Deswegen schauen wir uns auch 15 Prozent Rendite an:

Durchschnittlich 15 Prozent Rendite pro Jahr:
36 000 Euro : 0,15 = 240 000 Euro

Trage deine Zahlen hier bei 15 Prozent Rendite ein:

Benötigtes Vermögen ______ € = Kalkulierte Ausgaben pro Jahr ______ € / ______ % Erwartete Rendite pro Jahr

Es macht einen riesigen Unterschied, ob du 1 200 000 oder 240 000 Euro brauchst, um finanziell unabhängig zu sein, oder? Berechne hier unbedingt deine eigenen Zahlen und halte dir vor Augen, wann du finanziell frei wirst! Falls du einen Chef hast, der dir schrecklich auf die Nerven geht, dann ist das dein Weg zum Glück.

Ich hoffe, diese Übung hat dir gezeigt, wie wichtig es ist, dein Geld sinnvoll zu investieren. Die Rendite ist entscheidend und kann dich deinen Zielen so viel näher bringen! Ich habe die Übung damals mit nur 8 Prozent gemacht, aber das hat mir schon bewiesen, dass ich unbedingt in Aktien investieren muss. In unseren Beispielen haben wir Steuern und Gebühren erst einmal weggelassen, denn es geht mir darum, dass du verstehst, was für einen enormen Booster die Rendite hat! Jetzt weißt du, welches Vermögen du brauchst, um von den Zinsen deiner Investments leben zu können. Jetzt fragst du dich vielleicht, wann du diesen Betrag erreicht hast. Auch das kannst du dir ausrechnen. Aus dem Beispiel mit 15 Prozent Rendite nehmen wir die 240 000 Euro als Ziel. Wann hast du diese erreicht?

Wichtig: Vielleicht sind das für dich ganz andere Zahlen, das macht aber nichts, denn du kannst es dir nach deinen Vorstellungen ausrechnen und Klarheit für dich schaffen. Mach diesen einfachen und genialen Finanzplan für dich. Für mich war das damals der *Game Changer*. Da war mir klar, ich kann alles schaffen. Genau das wünsche ich dir auch. Also los, lass uns ausrechnen, wann du dein Vermögen hast!

Übung

Zeitpunkt der finanziellen Unabhängigkeit berechnen

Gehe hierfür auf die Internetseite www.zinsen-berechnen.de und klicke den Sparrechner an. Trage dein Startkapital (Anfangskapital) ein, also den Betrag, den du sofort investieren könntest, und deine monatliche Sparrate. Ich habe für dich das obige Beispiel weiter durchgerechnet (Ziel: 240 000 Euro).

Anfangskapital: 10 000 Euro, monatliche Sparrate: 300 Euro, 15 Prozent Rendite pro Jahr, Ansparzeit: 15 Jahre. Daraus ergibt sich ein Vermögen von über 266 500 Euro.

Anfangskapital:	10.000,00	Euro
Sparrate:	300,00	Euro
Sparintervall:	monatlich	
Einzahlungsart:	vorschüssig	
Dynamik:	keine	
Zinssatz:	15,000	% p.a.
Zinsperiode:	jährlich	
Zinseszins:	Ja, Zinsansammlung	
Ansparzeit:	15	Jahre
Festlegungsfrist:	0	Jahre
Endkapital:	266.577,37	Euro

Wie du siehst, haben wir die Viertelmillion in diesem Beispiel nach nur 15 Jahren erreicht – bei einem Startkapital von 10 000 Euro. Das heißt, ab jetzt bist du finanziell frei, wenn du weiterhin 15 Prozent Rendite pro Jahr machst. Ist das nicht großartig?! Die meisten Menschen werden niemals finanziell frei, weil sie immer nur auf ihre Rente warten.

Eventuell fühlen sich 15 Prozent Rendite pro Jahr jetzt noch etwas hochgegriffen an. Dann kannst du dir die Zahlen mit verschiedenen Renditemöglichkeiten durchrechnen, um ein Gefühl dafür zu bekommen, was sie für ein großer Hebel sind und wie schnell du mit einer höheren Rendite deine großen Träume erreichst.

Was sind deine großen Träume?

Eine Luxus-Handtasche? Ein Haus am Meer? Ein neues Auto? Weniger Arbeit? Mehr Zeit für die Familie? Eine Weltreise? Trau dich, hier ganz groß zu denken.

Falls du aktuell weder 10 000 Euro auf dem Konto hast noch 300 Euro monatlich beiseitelegen kannst, rechne es trotzdem mit deinen Zahlen aus. Du glaubst gar nicht, wie schnell sich deine finanzielle Situation verändern kann, wenn du alle Übungen durcharbeitest. Ich meine wirklich *alle*! Wenn du das Wissen aus diesem Buch aufsaugst und anwendest. Ich habe damals auch meine Traumsparrate von 5 000 Euro aufgeschrieben – und sie ist schneller wahr geworden, als ich es mir jemals hätte vorstellen können.

Lass die Zahlen auf dich wirken und schreibe dir die Ergebnisse auf. Was kommt mit deinen eigenen Zahlen heraus?

3 Prozent:

8 Prozent:

15 Prozent:

Wie sieht deine Traumsparrate aus? Denk dran, dass sie auch dein jetziges Gehalt übersteigen darf. Erlaube dir, groß zu träumen! Welche Zahl kommt dir intuitiv als Erstes in den Kopf? Wie sehen dann die Ergebnisse aus?

8 Prozent:

15 Prozent:

25 Prozent:

Wann hast du deine finanzielle Unabhängigkeit mit deiner aktuellen Finanzsituation erreicht?

Wann hast du deine finanzielle Unabhängigkeit mit deinen Wunschrenditen erreicht?

Du bist die Schöpferin deiner finanziellen Zukunft. Nimm die Kontrolle über deine Finanzen in die Hand und strebe nach finanzieller Freiheit. Du hast das Potenzial, mehr Geld zu sparen, zu investieren und deine Träume zu verwirklichen. Traue dich, neue Wege zu gehen, und nutze das Wissen und die Werkzeuge, die dir zur Verfügung stehen. Du kannst finanziell frei sein und ein Leben in Reichtum und Fülle führen. Sei mutig, sei entschlossen und mache den ersten Schritt auf dem Weg zu deinem finanziellen Erfolg. Du schaffst das!

Wenn du dich damit schwertust, groß zu denken, groß zu träumen und etwas langfristig umzusetzen, dann werde Teil meiner Aktien-Investoren-Ausbildung. Denn dort stehe ich dir aktiv zur Seite, du erlebst dank der anderen Frauen ein riesiges Wachstum und bekommst viele neue Impulse für neue Ziele.

Online-Kurs

Ich zeige dir, wie du deine finanzielle Freiheit berechnen kannst! Melde dich über den QR-Code an.

Zusammenfassung

- Deine finanzielle Geschichte ist einzigartig und es ist nie zu spät für finanziellen Erfolg.
- Ich ermutige dich hiermit, einen genauen Überblick über deine Finanzen zu gewinnen und versteckte Geldquellen zu entdecken.
- Du bist reicher, als du glaubst.
- Wenn du deinen Geldhaushalt ordnest und ein Haushaltsbuch führst, kannst du deine Ausgaben besser kontrollieren und mehr Geld sparen.
- Nutze das Sechs-Konten-Modell, um dein Einkommen effektiv zu verwalten und finanzielle Freiheit anzustreben.
- Bildung und persönliche Weiterentwicklung spielen eine entscheidende Rolle bei finanziellem Erfolg.
- Spenden gibt dem Vermögensaufbau einen Turbo.
- Berechne den Zeitpunkt deiner finanziellen Unabhängigkeit und sieh, wie realistisch große finanzielle Ziele sein können.
- Trau dich, große Träume zu haben, lege eine Sparrate fest, die zu deinen Zielen passt, und arbeite aktiv an deiner finanziellen Zukunft.

4. KAPITEL

Nur wenn du die Regeln kennst, kannst du das Spiel gewinnen!

Grundlagen Wirtschaftssystem

Jetzt hatte ich meinen Finanzhaushalt aufgeräumt, dabei ungeahnte Geldquellen entdeckt und einen Plan zum Zeitpunkt meiner finanziellen Unabhängigkeit gemacht. Danach wollte ich sofort motiviert loslegen. Mir war klar geworden, dass ich mit reiner Angestelltenarbeit persönlich nicht reich werden würde. Also wollte ich investieren und das, so gut es geht! Für mich waren Aktien da der beste Weg: von zu Hause aus, mit grandiosen Renditen, ohne Verschuldung, dafür zur Unterstützung von Unternehmen, die ich gut fand. Dennoch musste ich noch einige Fragen für mich beantworten: Welche Aktien sind die Richtigen? Wie kauft man sie? Worauf muss man noch achten? All das sollte sich im Laufe einiger Jahre mit zig Büchern und vielen besuchten Konferenzen und Seminaren klären.

Ich verliebte mich ins Geldverdienen durch Aktien und der dazugehörigen Unternehmenswelt. Von all dem, was ich gelernt und verstanden habe, war ich dann so begeistert, dass ich es mir zur Mission machte, dieses Wissen verständlich und nachhaltig mit anderen zu teilen: Es sollten möglichst viele Menschen von der Börse profitieren können, statt nur am Spielfeldrand zu stehen, während andere die dicken Gewinne absahnten.

Wie schon am Anfang erwähnt, bin ich promovierte Biochemikerin, dementsprechend analytisch funktioniert mein Gehirn, ich will allem immer auf den Grund gehen, um einzelne Puzzleteile daraus richtig zusammenzulegen. Diese Gabe möchte ich dir gern weitergeben, damit du an der Börse schlaue Entscheidungen treffen kannst, statt irgendetwas nachzumachen, was du nicht verstehst. Die Themen Geld, Wirtschaft und Börse solltest du verinnerlichen und bei ihnen immer bewusst handeln. Ein Ratschlag von mir: Kaufe nicht auf Zuruf Aktien, Immobilien oder Kryptos! Damit machst du dich nur abhängig von anderen und weißt auch nicht, was in einer Krise zu tun ist.

Bevor du mit Investitionen anfängst, musst du verstehen, dass das Wirtschaftssystem immer in Bewegung ist. Je nachdem, in welchem Jahr du dieses Buch liest, lohnt es sich manchmal eher, in Aktien, Anleihen, Bargeld oder Gold zu investieren. Nur wenn du die wirtschaftlichen Zusammenhänge verstehst, kannst du entscheiden, welches Investment du eingehen solltest. Prinzipiell sollte ein gutes Investment eine hohe Rendite mit einem niedrigen Risiko beinhalten. Nicht umgekehrt! Oft nehmen Menschen ein sehr hohes Risiko und eine geringe Rendite in Kauf, was sehr gefährlich für das Vermögen ist und keinen Sinn ergibt.

Damit die Zusammenhänge verständlich werden, erkläre ich dir im Folgenden zuerst die wichtigsten Begriffe und Zusammenhänge beim Investieren und fange mit dem Wichtigsten an: Geld!

Was ist Geld?

Geld ist etwas Magisches. Es ist das universelle Werkzeug des Austauschs, das uns hilft, unsere Bedürfnisse zu erfüllen und unsere Wünsche zu verwirklichen. Mit Geld können wir das kaufen, was uns Freude bereitet, wir können Rechnungen bezahlen und für unsere Zukunft vorsorgen. Es ist aber auch ein Maßstab, an dem wir den Wert von Sachen messen können. Es hilft uns, zu entscheiden, ob etwas teuer oder günstig ist oder ob es den Preis wert ist. Geld ermöglicht es uns, Preise zu vergleichen und kluge Entscheidungen zu treffen.

Gleichzeitig ist Geld ein Werkzeug, mit dem wir unsere Träume verwirklichen können. Es ist ein Mittel, um Vermögen aufzubauen und finanzielle Freiheit zu erreichen. Indem wir klug mit unserem Geld umgehen, können wir uns ein stabiles Fundament für die Zukunft schaffen.

Die Geschichte des Geldes

Damit wir etwas Geld nennen können, muss es drei wichtige Funktionen erfüllen:

- **Wertspeicher:** Geld ermöglicht es Menschen, Vermögen und Reichtum über einen längeren Zeitraum zu halten. Anstatt Güter physisch zu lagern, können Menschen ihren Wert in Form von Geld speichern und bei Bedarf darauf zugreifen.
- **Tauschmittel:** Geld erleichtert den Austausch von Waren und Dienstleistungen. Anstatt direkt mit anderen Gütern zu handeln (Tauschhandel), können Menschen Geld verwenden, um den Wert ihrer eigenen Arbeit oder Besitztümer darzustellen und diesen Wert gegen andere Güter oder Dienstleistungen einzutauschen.
- **Recheneinheit:** Geld dient als Maßeinheit, um den Wert von Waren und Dienstleistungen zu bestimmen. Es ermöglicht den Vergleich von Preisen und es stellt Ein- und Ausgaben in einer einheitlichen Währung dar.

Vor der heutigen Form des Geldes gab es bis vor ca. 4000 Jahren den Tauschhandel. Dabei wurden beispielsweise Salz, Zucker oder auch Tiere zum Tausch verwendet. Allerdings brachte dieser Handel auch Probleme mit sich: Wenn ein Bauer zum Beispiel ein Pferd gegen Brote tauschte. Das mag erst einmal gut klingen, denn für ein Pferd bekam er viele Brote. Diese waren aber nicht unendlich lange haltbar. Daher erschwerte dieses Ungleichgewicht den Handel und er war nur eingeschränkt möglich. Die erste und dritte Funktion (Wertspeicher und Recheneinheit) waren beim Tauschhandel noch nicht gegeben. Daher hatte der Tauschhandel ab ca. 2000 v. Chr. ausgedient und wurde durch Gold als Zahlungsmittel ersetzt. So konnte ein Bauer stattdessen sein Pferd im Gegenzug für Gold verkaufen. Mit diesem konnte er dann einzelne Brote und andere Güter zusätzlich kaufen. Ab diesem Moment konnten Menschen sparen, denn das Gold verlor nicht an Wert bzw. wurde nicht schlecht, im Gegensatz zu Brot oder anderen verderblichen Tauschwaren.

Gold hat viele gute Eigenschaften: Es ist leicht transportierbar, unveränderlich und fungibel (jede Goldmünze ist also genauso viel wert wie jede andere). Gold wird in der Maßeinheit Unze gemessen bzw. gewogen, was es zum idealen Tauschmittel und einer einfachen Rechnungseinheit macht. Im Gegensatz dazu haben Edelsteine wie Diamanten aufgrund ihrer Vielfalt an Farben, Schliffen und verschiedenen Reinheitsgraden keine vergleichbare Fungibilität. Gold ist daher als universelles Zahlungsmittel und Wertspeicher bis heute geschätzt.

Im Laufe der Zeit stießen Menschen auch bei Gold als Tauschmittel an seine Grenzen: Dessen Transport war schwer und unhandlich in größeren Mengen und es war nicht einfach teilbar. Zudem begannen Fälscher, es mit minderwertigen Metallen zu strecken. Daher entstand im 15. Jahrhundert eine Alternative: das Papiergeld. Dieses war leicht zu transportieren und konnte beliebig reproduziert werden. Es hatte anfangs einen realen Gegenwert, da es durch den »Goldstandard«, durch Goldmünzen gedeckt war (der Wert ist dabei direkt an eine bestimmte Menge Gold gebunden). Somit konnte man einen Geldbetrag in Papierwährung auch wieder zurück in Gold umtauschen. Dadurch sollte das Vertrauen in das Geld gestärkt und die Inflation kontrolliert werden. Es war zudem eine Möglichkeit, den Wert des Geldes festzuhalten. Wer eine Goldmünze zur Bank brachte, erhielt einen Schuldschein, der jederzeit gegen das Goldstück eingetauscht werden konnte. So erlangte das Papiergeld einen eigenen Wert und wurde als Zahlungsmittel verwendet.

Wieso ist Geld heute unbegrenzt verfügbar?

In den 1920er-Jahren wurde der Goldstandard in Deutschland aufgrund der hohen Kosten, die der Erste Weltkrieg verursachte, aufgehoben. Unser modernes Geldsystem beruhte damit plötzlich auf Vertrauen ohne feste Grundlage. Das bedeutet, die Zentralbanken konnten ab sofort mehr Geld drucken, als Gold im Gegenwert zur Verfügung stand. Deswegen spricht man hier auch vom sogenannten »Fiatgeld«, was übersetzt bedeutet: »Es werde Geld.« Das heißt, das Geld in deinem Portemonnaie hat keinen inneren Wert mehr.

So verrückt das klingen mag, aber die europäischen und US-amerikanischen Zentralbanken können Geld aus dem Nichts erschaffen, ohne einen Gegenwert dafür zu haben. Deswegen wird das Geld, das wir auf unserem Konto haben, auch immer weniger wert: Wir haben keinen Anspruch mehr darauf, unser Geld in Goldunzen umzutauschen, denn es gibt mittlerweile viel mehr Geld als Gold im Gegenzug. Unsere Geldscheine basieren nur noch auf Vertrauen. Die Regulierung des Geldangebots durch die Zentralbank und das Vertrauen der Öffentlichkeit in die Währung sind entscheidend für die Stabilität und Funktionsfähigkeit einer Währung als Zahlungsmittel.

Bis 1971 war der US-Dollar als Hauptwährung immer noch an Gold gekoppelt. US-Präsident Nixon hob den Goldstandard auf, weil er damit die Wirtschaft ankurbeln wollte. Nachfolgend eine Grafik, die dir verdeutlichen soll, was diese Entkopplung ausgelöst hat: die Entwicklung des Goldpreises von 1971 bis heute. Damals kostete eine Unze Gold gerade mal 33 US-Dollar und liegt heute, im Jahr 2023, bei knapp 2000 US-Dollar. Vor 10 Jahren lag der Goldpreis bei ca. 1000 US-Dollar und hat sich bis heute verdoppelt. Das zeigt uns wiederum, wie viel Geld gedruckt wird, was den Wert des Geldes verwässert: Wir brauchen immer mehr Geld, um dieselben Waren und Dienstleistungen zu kaufen. Gold ist nicht teurer geworden, weil weniger davon da ist, sondern weil so viel mehr Geld in Umlauf gebracht wird. Das nennt sich steigende Inflation.

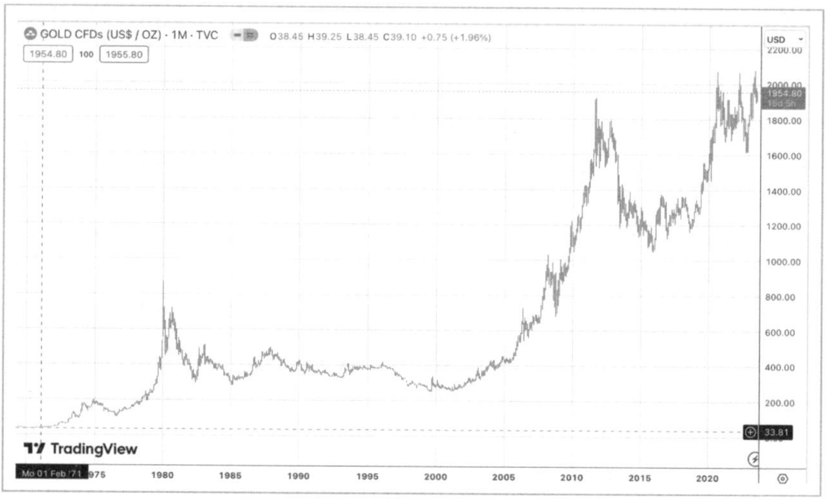

Wie entsteht Geld heute?

Hast du dich schon einmal gefragt, wo das Geld, dass du bei der Bank abhebst, herkommt? Wahrscheinlich nicht, denn darüber spricht niemand. Dabei ist das nicht kompliziert: In Deutschland druckt die Bundesbank die Geldscheine, aber Geld ist nicht nur das physische Papier und die Münzen, sondern auch alles auf Bankkonten. Bei Überweisungen oder Kartenzahlungen wandert es in Zahlenform von einem Konto zum nächsten. Und eben dieses Geld wird überwiegend von Banken geschaffen. Viele

Menschen glauben, dass von Banken vergebene Kredite aus den Einlagen der Sparer stammen. Das ist aber ein Irrtum. Denn in Wahrheit werden Kredite fast unabhängig von den Einlagen der Bank vergeben.

Wie aber machen das Banken? Indem sie Kredite vergeben. Das mag sich komisch anhören, aber ich erkläre es dir gleich. Eine Sache muss man als Grundlage verstehen: Geld entsteht erst durch verschiedene Formen der Verschuldungen. Die Banken schaffen das Geld quasi aus dem Nichts, indem sie die Summe auf dem Konto des Kreditnehmers gutschreiben. Auf diese Weise entsteht mit jedem Kredit neues Geld. Fachleute sprechen deshalb von *Kreditgeldschöpfung*. Dabei sind den Banken kaum Grenzen gesetzt. Nehmen wir mal an, du gehst zur Bank, weil du dir eine Wohnung für 500 000 Euro kaufen möchtest, du bringst 100 000 Euro Eigenkapital mit und die Bank gibt dir einen Kredit über 400 000 Euro. Die Bank schreibt diesen Betrag in ihre Bilanz. Entweder hat die Bank das Geld oder sie holt es sich in Form eines Kredits bei der Zentralbank. Geld kann also aus dem Nichts geschaffen werden. Es ist wirklich verrückt. Nichts anderes auf der Welt kann so einfach geschaffen werden – und wir glauben, dass Geld begrenzt ist.

Was reguliert heute die Geldmenge?

Der Leitzins regelt, wie viel Geld von den Banken produziert wird: Ist er hoch, nehmen weniger Menschen Kredite auf, weil sie hohe Zinsen dafür zahlen müssen. Ist er aber niedrig, werden mehr Kredite in Anspruch genommen, sodass die Geldmenge steigt. Die Europäische Zentralbank (EZB) legt den Leitzins fest, der wiederum den Zinssatz bestimmt, zu dem sich die Banken von der EZB Geld leihen können. Der Leitzins wird von der EZB regelmäßig überprüft und angepasst, um das Ziel einer stabilen Inflation und einer stabilen Wirtschaft zu erreichen. Wenn die Banken aufgrund der Senkung des Leitzinses günstigeres Geld von der Zentralbank erhalten, können sie dieses Geld zu niedrigeren Zinssätzen an ihre Kunden weitergeben. Dies kann dazu führen, dass Kredite für Unternehmen und Haushalte billiger werden, was wiederum Investitionen und Konsum anregt und das Wirtschaftswachstum fördert. Mit dem Leitzins hat die Zentralbank ein Instrument zur Beeinflussung der Wirtschaft: Diese floriert, wenn die Menschen Kredite aufnehmen, in ihre Unternehmen und Immobilien investieren, mehr Menschen einstellen, diese mehr Geld verdienen und ausgeben. Eine positive Aufwärtsspirale entsteht.

Doch irgendwann musste diese »Papiergeldexplosion« beendet werden, weil zu viele Kredite aufgenommen wurden und Staaten, Unternehmen sowie Privatpersonen sich überschuldeten! Folglich ging die Inflation durch die Decke. Um diese Überschuldung wieder einzudämmen, wurde der Leitzins angehoben. Das dämpfte die Kreditnachfrage und das Wirtschaftswachstum, da Unternehmen und Haushalte höhere Kreditkosten tragen müssen.

Welche Folgen hat die jahrelange Null-Prozent-Politik?

Nach der Finanzkrise 2008 wurde der Leitzins schrittweise gesenkt, bis er 2016 bei 0 Prozent angekommen war. Innerhalb eines Jahres wurde er dann von Juni 2022 bis Juni 2023 wieder auf 4 Prozent angehoben. Eine so schnelle und steile Leitzinserhöhung gab es historisch gesehen noch nie.

Der Leitzins wurde von 2014 bis 2022 auf unnatürliche Weise bei ca. 0 Prozent gehalten. Das hatte es zuvor auch noch nie gegeben. Die Folge war eine extrem hohe Inflation: Es wurde deutlich mehr Geld gedruckt, als Güter entstanden sind, und dies entwertete unser Geld. In der Folge wurde alles viel teurer: Das nennen wir Inflation. Sie ist die natürliche Konsequenz aus einer Null-Zins-Politik. Zum besseren Verständnis hier eine Abbildung dieser Entwicklung:

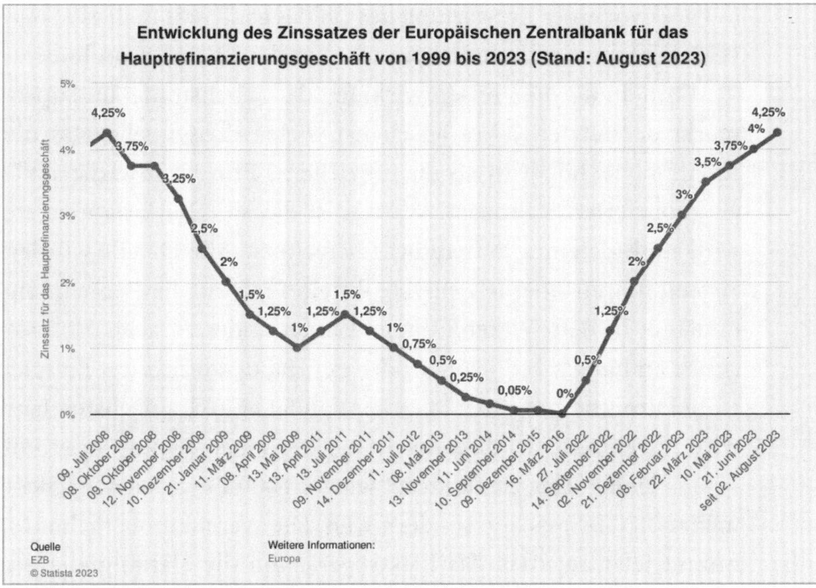

An was merkst du die Inflation in deinem Alltag? Du bemerkst sie anhand der Preisentwicklung von deiner Kugel Eis und deinem Urlaub im Laufe der letzten Jahre. Wenn die Inflation hoch ist, kannst du für die gleiche Menge Geld weniger kaufen als zuvor. Ich kann mich noch gut daran erinnern, dass eine Kugel Eis in Wuppertal in meiner Kindheit 50 Pfennig gekostet hat. Das sind ca. 25 Cent. 30 Jahre später kostet sie in München mindestens 1,80 Euro (3,60 Mark). Das ist eine Inflation von 620 Prozent, also von ca. 7 Prozent pro Jahr.

Weißt du, welche Inflationsrate immer wieder durch die Medien geht? Nach offiziellen Angaben des Statistischen Bundesamtes beträgt sie meistens ca. 2 Prozent. Man versucht uns zu erklären, dass 2 Prozent Inflation gut und normal seien. Eine so geringe Inflation führt dazu, dass die Menschen das Geld nicht zu Hause horten, sondern ihr Geld für Konsumgüter ausgeben und damit die Wirtschaft antreiben. Gleichzeitig wird das Geld durch eine Inflation von 2 Prozent nicht zu stark entwertet, sodass niemand in Panik vor einer Entwertung des Geldes gerät, wie man es in den 1920er-Jahren beobachten konnte. Aber das ist ein Trugschluss!

Wenn du dir die Preisentwicklung der Lebensmittel im Supermarkt der letzten Jahre anschaust, siehst du schnell, dass die Inflation viel höher ist als die offiziellen 2 Prozent bzw. die aktuell publizierten 8 Prozent. Warum ist das so? Die Inflationsrate wird mithilfe eines Warenkorbs berechnet. Alle Details würden zu weit führen, aber ich möchte dir ein Problem der Berechnung erklären: In dem Warenkorb sind unter anderem auch Elektrogeräte enthalten. Ein Laptop oder ein Handy kostet zum Beispiel 1000 Euro und hat einen Speicher von 500 GB. Im nächsten Jahr wird angenommen, dass du dir wieder einen Laptop oder ein Handy kaufst. Das Gerät kostet wieder 1000 Euro, hat aber nicht mehr 500 GB Speicher, sondern 1 TB. Die Warenkorbberechnung nimmt jetzt an, dass das Elektrogerät um die Hälfte günstiger geworden ist. Dem ist aber nicht so, denn den PC aus dem letzten Jahr bekommst du heute nicht für die Hälfte des Preises, sondern du musst wieder 1000 Euro investieren, weil es die alten Modelle mit den geringeren Speicherkapazitäten aus dem letzten Jahr gar nicht mehr gibt. So wird die Inflation künstlich niedrig gehalten. Aufgrund dieser »Schönrechnerei« haben wir eine so niedrig publizierte Inflation. Sie ist aber viel höher.

Das Gegenteil von Inflation ist Deflation. Dabei wird Geld immer wertvoller und Menschen würden es unter ihrem Kopfkissen oder auf ihrem Konto horten. Das möchte man natürlich vermeiden. Der Konsum soll stetig angetrieben werden, damit Arbeitsplätze gesichert werden.

Die Wirtschaft ist eigentlich ein intelligenter, sich selbst regulierender Mechanismus – unter bestimmten gesetzten Rahmenbedingungen. Außer die Zentralbanken schalten ihn aus: Wie mit der Null-Zins-Politik, die diesen Regelkreis gestört und eine Geldexplosion zur Folge hatte. Das lässt sich gut mit einem Backofen vergleichen: Wenn du einen Kuchen backen möchtest, stellst du den Ofen auf 180 Grad. Er heizt auf 190 Grad hoch und das Heizelement schaltet sich dann aus. Wenn er wieder auf 170 Grad gefallen ist, heizt er erneut hoch. Dieses Einpendeln der Temperatur beim Backofen ist äquivalent mit dem Leitzins im Wirtschaftssystem. Dieser Regelkreislauf sorgt dafür, dass der Backofen nicht unkontrolliert auf 400 Grad hochheizt.

Was ist aber dank der langen Null-Prozent-Politik passiert? Der Temperaturfühler wurde entfernt. Der Ofen konnte nie abkühlen und hat im Jahr 2022 stattdessen gefühlte 800 Grad erreicht. Unsere Wirtschaft, die Staaten und Privatpersonen haben sich so hoch verschuldet, dass sie bei einer Zinserhöhung nicht mehr in der Lage wären, ihre Kreditzinsen zu bedienen. 14 Jahre lang wurde der Leitzins nicht erhöht und die schnelle Erhöhung birgt viele Gefahren in sich, deren Folgen für die Zukunft schwer abzuschätzen sind.

Warum erkläre ich dir das alles?

Möchtest du an der Börse investieren, musst du ein paar Grundlagen des Wirtschaftssystems verstehen. Der Leitzins ist essenziell, denn er regelt die Menge der Geldflüsse. Du musst den Einfluss des Leitzinses verstehen und ihn immer im Blick behalten.

Beachte: Je nach aktuellem Leitzins machen Aktien oder Anleihen mehr Sinn. Dazu am Ende dieses Kapitels mehr. Je nachdem, wann du dieses Buch aufschlägst, musst du schauen: Wo steht der Leitzins aktuell? Wo investierst du dein Geld am besten?

Steht der Leitzins über 6 oder 8 Prozent, könntest du gut in deutsche oder US-amerikanische Staatsanleihen investieren. Dort bekommst du quasi risikolos und fest verzinst so viel Prozent als Rendite zurück. Deswegen hat früher auch das Sparbuch als Anlage gut funktioniert. Dahinter lagen Staatsanleihen. Mit einer Niedrigzinspolitik wie zwischen 2008 und 2022 ergeben Aktien deutlich mehr Sinn. Prinzipiell muss deine Rendite also über der Inflation liegen, damit es ein positives Geschäft ist. Aktuell (2023) haben wir 8 Prozent Inflation. Um Vermögen aufzubauen, muss deine Jahresrendite demnach höher liegen!

Beachte!

Du kannst jetzt schon eine intelligente Investorin sein und dich fragen: Wo bekomme ich aktuell die höchste Rendite zum geringsten Risiko? Du kannst beides haben, denn hohe Renditen müssen nicht an ein hohes Risiko gekoppelt sein. Das ist ein Irrglaube!

Ist genug Geld für alle da?

Ja, es ist genug Geld da. Warte mal, den Satz lesen wir gleich nochmal:

ES IST GENUG GELD FÜR ALLE DA!

Wie oft hast du schon gehört, »Wir haben nicht genug Geld! Dafür ist nicht genug Geld da!«? Solange du diesen Sätzen glaubst, wird es in deinem Leben so bleiben. Das sind Sätze, die sich nur Menschen mit wenig Geld sagen. Ich habe lange geglaubt, dass Geld begrenzt verfügbar sei, auch weil Menschen in meinem damaligen Umfeld geizig damit umgingen. Als wäre es begrenzt und als käme kein neues Geld nach, wenn man es losließe und ausgebe. Das Problem ist aber, dass die meisten Menschen nicht wissen, wie sie an mehr Geld kommen können, und deswegen krampfhaft versuchen, es festzuhalten: Sie horten es, statt damit zu arbeiten. Geld ist etwas Magisches und darf im Fluss sein, das heißt, wir dürfen es einnehmen, ausgeben und damit arbeiten, denn so kommt immer mehr und mehr Geld in unser Leben.

Was heißt das für dich?

Es ist unglaublich wichtig, dass du lernst, dein Papiergeld in Sachwerte wie gute Aktien, Immobilien oder Gold zu investieren, denn diese werden aufgrund der Inflation immer teurer. Was vorher noch ein großer Nachteil für uns war, kann jetzt zu unserem Vorteil werden. Statt die 100 Euro auf dem Konto liegen und damit von der Inflation auffressen zu lassen, können wir sie nehmen und damit eine Aktie kaufen. So kannst du mehr Geld daraus machen. Hättest du vor zehn Jahren für 100 Euro Apple-Aktien gekauft, hättest du heute 1138 Euro (1038 Prozent).

Wie es funktioniert, erfolgreiche Aktien auszuwählen, erkläre ich dir in diesem Buch. Ich möchte aber, dass du vorab wirklich verstehst, warum es so sinnvoll ist, dein Geld gegen Sachwerte einzutauschen. Stell dir dafür dein Geld wie kleine Heinzelmännchen vor: Entweder lässt du sie im Schrank schlafen oder weckst sie auf, lässt sie jede Nacht für dich arbeiten und das Haus putzen. Gut ausgewählte Aktien arbeiten für dich, während du schläfst.

Womöglich sind diese Informationen alle neu für dich. Und du fragst dich jetzt, wieso du noch nie davon gehört hast. Das ist jedoch kein Wunder, denn wir lernen all das nicht in der Schule und auch viele Eltern wissen das nicht. Die Generation aus den 1950er- und 1960er-Jahren bekam damals auf dem Sparbuch noch zwischen 8 und 12 Prozent Zinsen. Das lag einerseits über der Inflation, während andererseits die Waren und Dienstleistungen noch nicht so teuer waren. Sie konnten also mit den »alten Weisheiten«: Sei fleißig, suche dir einen guten Job und lege dein Erspartes aufs Sparbuch, gut leben, sodass die meisten Familien sich mit nur einem Einkommen ein eigenes Haus leisten konnten. Diese Weisheiten gaben sie an ihre Kinder weiter, doch die Geldpolitik änderte sich nach der Finanzkrise 2008 dramatisch: Der Leitzins fiel auf 0 Prozent, was dazu führte, dass massiv viel Geld gedruckt wurde und alles seitdem immer teurer wird. Wir haben also neue Spielregeln. Das Problem dabei: Niemand bringt sie uns bei, weil wir niemanden in unserem Leben haben, der diese neuen Regeln versteht. Wir spielen noch nach den alten Spielregeln: Geld verdienen, Geld sparen, kein Risiko eingehen.

Um das Geldspiel zu gewinnen und vermögend zu werden, müssen wir zuerst die neuen Spielregeln lernen und sie anwenden.

Jetzt denkst du vielleicht: Meine Eltern hatten es wirklich viel einfacher. Das mag sein, aber wenn du die neuen Spielregeln beherrschst, kannst du noch viel reicher werden als sie. Mit ihnen öffnest du dich für ein viel größeres Bewusstsein und unterschiedliche Investitionswege. Mit diesem Buch beginnen wir deine Reise in die Aktienwelt – wenn du dich dort sicher fühlst, kannst du auch andere Investitionen tätigen.

Was ist eine Aktie?

Eine Aktie ist ein kleiner Anteil an einem Unternehmen, ein kleines Stück vom Kuchen. Und dieses kleine Stück kann dir gehören, wenn du willst. Wenn dann der Kuchen wächst, wächst auch dein Anteil, dein eigener kleiner Firmenanteil. Früher wurden Aktien in Papierform ausgegeben, die Käufer legten sie in ihren Safe und überprüften Aktienkurse in der Tageszeitung. Das war deutlich komplizierter und aufwendiger als heute.

Aktien haben ihre Ursprünge im Mittelalter, die ersten Vorläufer zu unseren heutigen Aktien entstanden im 12. Jahrhundert in den aufblühenden Handelszentren Italiens und der Niederlande. Zu dieser Zeit unternahmen Kaufleute riskante Handelsreisen, um wertvolle Waren zu beschaffen und zu verkaufen. Da diese Unternehmungen oft hohe Kosten und Risiken mit sich brachten, benötigten die Kaufleute zusätzliches Kapital. Dafür gaben sie Anteile ihrer Firmen, die in Form von Urkunden verkauft wurden und einen Bruchteil des Unternehmens repräsentierten, an Investoren ab, diese wurden damit zu Teilhabern des Unternehmens und hatten Anspruch auf einen Anteil der erwirtschafteten Gewinne. Das ist heute auch noch so. Seit ihrer Entstehung im Mittelalter haben sich Aktien zu einem essenziellen unternehmerischen Instrument zur Kapitalbeschaffung weltweit entwickelt. Durch den Kauf von Aktien können Anleger bis heute am wirtschaftlichen Erfolg und den Gewinnen großer und kleiner Unternehmen teilhaben und somit ihr Vermögen vermehren.

Dank Aktien kannst du an tollen Firmen partizipieren, ohne selbst welche gründen zu müssen. Wenn du eine Aktie besitzt, bist du Teilhaberin eines Unternehmens. Von den Kurszuwächsen, die das Unternehmen erwirtschaftet, kannst du dann profitieren. Deswegen ist es wichtig, dass du dir anschaust, ob und wie viel Gewinn das Unternehmen, von dem du Aktien kaufst, erwirtschaftet. Aktien werden an Börsen gehandelt, ihr Preis wird durch Angebot und Nachfrage bestimmt. Dazu später mehr. Das mag sich kompliziert anhören, ist aber eigentlich recht simpel: Trägst du vielleicht gerade Nike-Schuhe? Wie wäre es, wenn dir ein Teil des Unternehmens gehören würde und du jedes Mal, wenn jemand Nike-Schuhe kauft, davon profitieren würdest?

Genau das liebe ich an Aktien: Ich kaufe bei Amazon ein, ich google, ich surfe bei Instagram und trage eine Louis-Vuitton-Tasche, wenn ich das Haus verlasse. Das sind alles spannende Unternehmen. Ich sitze auf dem Sofa und bin an all den grandiosen Unternehmen beteiligt, ohne dass meine Ideen in diesen Firmen stecken, ohne dass ich das Unternehmen gegründet haben muss, ohne dass ich mich um Vertrieb und Recruiting kümmern muss. Meine Intention mit diesem Buch ist es, dich für das Investment in Aktien zu begeistern. Aktienhandel ist in Deutschland verpönt und fälschlicherweise als gefährlich und zeitaufwendig abgestempelt. Das mag an ihrer Volatilität liegen, denn die deutsche Mentalität mag Stabilität. Mit diesem Buch möchte ich mit diesem Irrglauben aufräumen und lade dich ein, dich auf diese spannende Reise mit mir zu begeben.

Der Aktienmarkt kann aber deutlich schwanken, ihre Preise können sich täglich ändern, daher besteht bei ihrem Kauf ein gewisses Risiko. Natürlich ist die permanente Schwankung aber auch eine riesige Chance: Der Kurs kann schließlich innerhalb kürzester Zeit stark nach oben gehen. Ein Aktienkurs kann aber auch fallen und du kannst einen Teil deines investierten Kapitals verlieren. Wie bereits erwähnt, ist die Investition in Aktien besonders bei niedrigem Leitzins sinnvoll, ansonsten ist das Investieren in sogenannte Anleihen, eine andere Anlageklasse neben Aktien, spannend.

Was sind Anleihen?

Anleihen (= Schuldverschreibungen) haben ihre Wurzeln im antiken Rom, wo vor über 2000 Jahren, zur Zeit der Römischen Republik, Schuldscheine ausgegeben wurden, um öffentliche Projekte wie den Bau von Infrastruktur oder militärische Vorhaben zu finanzieren. Die römische Regierung verkaufte diese Schuldscheine an private Bürger und versprach ihnen im Gegenzug Zinszahlungen in der Zukunft. Das verhält sich wie bei einem Kredit, allerdings können wir als Privatpersonen keine Anleihen herausgeben. Dieses Privileg haben nur Regierungen und Unternehmen. Schuldverschreibungen sind zeitlich begrenzt, wie ein Kredit von der Bank. Vorab steht die Laufzeit und der Zinssatz fest, danach erhält der Anleihenkäufer das ursprüngliche Geld zurück. Deswegen spricht man auch von einem »festverzinsten Wertpapier«. Mithilfe von Anleihen können sich Unternehmen oder Regierungen Geld beschaffen. Bei Regierungen spricht man von **Staatsanleihen**. Sie dienen dazu, staatliche Ausgaben zu finanzieren, denn ein Anleger leiht dem Staat einen bestimmten Betrag und erhält dafür regelmäßige Zinszahlungen. Sie gelten als relativ sichere Anlageform, aber du solltest beachten, dass das Ausfallrisiko von Land zu Land unterschiedlich hoch sein kann. Zudem gilt: Je länger die Laufzeit ist, desto höher ist die Verzinsung, weil das Risiko steigt. Das ist logisch, denn es ist schwer vorherzusehen, wie die wirtschaftliche Lage in 20 oder 30 Jahren ist. Wenn du heute eine Anleihe erwirbst, liegt die feste Verzinsung bei ungefähr 4 Prozent pro Jahr. Das wird durch den bereits erklärten Leitzins bestimmt. Im Jahr 2021 hättest du für eine deutsche Staatsanleihe, wenn du sie mit einer Laufzeit von einem Jahr gekauft hättest, nur 0,1 Prozent Zinsen erhalten. Daran siehst du, wie wichtig es ist, die Zusammenhänge zu verstehen und den aktuellen Leitzins zu kennen.

Der Leitzins der US-amerikanischen Zentralbank schwankte zwischen 1954 bis 2023 stark. In den 1980er-Jahren erlebten die Zinsen ihre Höchststände mit fast 20 Prozent.

Meine Großeltern haben in den 1970er-Jahren Staatsanleihen bei ihrer Bank gekauft und erhielten dafür 14 Prozent feste Verzinsung. Für sie war es sinnvoll, ihr Geld in Anleihen zu investieren, denn mit dem Sparbuch gab es ein bisschen weniger Zinsen. Deswegen haben auch heute noch so viele Deutsche ihr Geld in Sparbüchern: Sie haben ihr Investitionsverhalten nie den Marktumständen angepasst, weil sie es nicht besser wussten, weil es uns niemand je beigebracht hat. In dem uns bekannten, seit Jahren vorherrschenden Niedrigzinsumfeld (Zinsen unter 3 Prozent) funktioniert das Sparbuch aber nicht mehr.

Was ist ein ETF?

ETFs sind heutzutage in aller Munde, daher glauben viele Menschen, es sei die beste Art, an der Börse zu investieren. Ich sehe das anders, denn ich weiß gern ganz genau, in welche Unternehmen ich investiere. Es ist aber auf jeden Fall besser, als gar nicht zu investieren. Ein ETF (Exchange-Traded Fund) ist zu Deutsch ein börsengehandelter Fonds. Das kannst du dir wie einen Einkaufswagen mit unterschiedlichen Aktien vorstellen: Du kaufst den ETF, wie er ist, mit allen Aktien dieses »Einkaufswagens«. Anstatt einzelner Aktien kaufst du damit einen ganzen Blumenstrauß – eventuell auch bereits verblühte Blumen.

Der Unterschied zwischen Fonds und ETF ist, dass ein Fonds von einem Fondsmanager ausgewählt, zusammengestellt und aktiv verwaltet wird. Während ein ETF prinzipiell einen Index (dazu gleich mehr) nachbaut, sodass ein ETF keinen Fondsmanager braucht, was die Kosten für den Anleger senkt.

Was ist ein Index?

Leider gab und gibt es viele Fonds, die eine schlechte Rendite an der Börse erwirtschaften. In Amerika kam man um 1900 auf die Idee, die Performance des Landes zu messen und mit anderen Ländern zu vergleichen. Der weltberühmte amerikanische Indexfonds »Dow Jones Industrial Average« wurde 1884 vom Finanzredakteur Charles **Dow** und dem Banker Edward **Jones** gegründet, um die Performance des US-Aktienmarktes darzustellen. Der Index (Mehrzahl Indizes) begann mit zwölf von den Gründern ausgewählten Industrieunternehmen. Im Laufe der Jahre erhöhte sich die Zusammensetzung auf 30. Er ist bis heute einer der bekanntesten und am weitesten verbreiteten Aktienindizes der Welt.

An dieser Stelle ist es wichtig, zu verstehen: Ein Index wurde nie für überdurchschnittlich hohe Renditen entwickelt, sondern sollte lediglich als Maßstab dienen, um die wirtschaftliche Entwicklung eines Landes darzustellen. Was heißt das für uns als Investorinnen? Du kaufst mit einem ETF immer einen fertigen Warenkorb und wählst nicht selbst aus, welche Aktien du möchtest. Damit möchte ich ETFs keinesfalls schlechtreden, aber du solltest dir die Unternehmen in deinem Warenkorb genau anschauen.

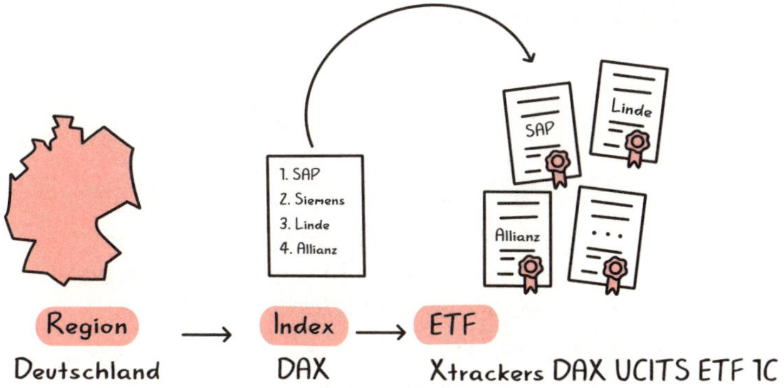

Auch wenn es in diesem Buch hauptsächlich um Aktien geht, möchte ich dir dennoch hier ein paar bekannte ETFs und Indizes listen, von denen du vielleicht schon gehört hast. Das ist jedoch nur eine winzige Auswahl der weltweit riesigen Zahl an unterschiedlichen ETFs:

- **S&P 500:** der ETF, der den Index der 500 größten börsennotierten US-Unternehmen nachbildet.
- **MSCI World:** Dieser ETF bildet die Performance des MSCI World Index ab und bietet eine breite Diversifikation über die entwickelten Länder weltweit.
- **DAX:** Dieser ETF bildet die Performance des deutschen Leitindex DAX ab und beinhaltet 40 deutsche Unternehmen.

Der DAX wurde im Jahr 1988 eingeführt und hat sich seitdem zu einem wichtigen Indikator der deutschen Wirtschaft entwickelt. Er repräsentiert verschiedene Branchen und Sektoren daraus und gibt Anlegern einen Überblick über die Gesamtentwicklung der deutschen Aktienmärkte. Die Zusammensetzung aller Indizes wird regelmäßig überprüft und kann sich aufgrund von Veränderungen in der Marktkapitalisierung und anderen Faktoren ändern, wenn beispielsweise ein Unternehmen in Konkurs geht und aus dem Index entnommen wird.

Zusammenfassung

- Bevor du investierst, solltest du die wirtschaftlichen Zusammenhänge verstehen, um kluge Entscheidungen in Bezug auf deine Investments treffen zu können.
- Geld hat magische Eigenschaften und ist ein Werkzeug für die Erfüllung deiner Bedürfnisse und Träume.
- Die Geschichte des Geldes begann mit dem Tauschhandel, wurde dann durch Gold und später durch Papiergeld abgelöst.
- Heutzutage ist Geld unbegrenzt verfügbar, da es nicht mehr durch Gold gedeckt ist.
- Wir sprechen von sogenanntem Fiatgeld, zu Deutsch: »Es werde Geld.«
- Geld entsteht heute durch Kreditgeldschöpfung der Banken und wird vom Leitzins reguliert.
- Die lange Null-Prozent-Politik führte zu einer hohen Inflation und veränderte die Spielregeln im Wirtschaftssystem.
- Um vom Spiel des Geldes zu profitieren, solltest du in gute Sachwerte wie Aktien, Immobilien und Gold investieren.

- Deine Rendite muss höher als die Inflation sein, damit du Vermögen aufbaust, ansonsten sinkt deine Kaufkraft.
- Aktien sind Anteile an Unternehmen, mit denen man am wirtschaftlichen Erfolg und den Gewinnen teilhaben kann.
- Anleihen sind Schuldverschreibungen, bei denen man als Anleger regelmäßig Zinsen erhält und am Ende das Kapital zurückerhält.
- ETFs sind börsengehandelte Fonds, die einen Index nachbilden, um an der Wirtschaft zu partizipieren. Bekannte Beispiele sind der S&P 500 und der MSCI World.
- Verstehe die Grundlagen des Wirtschaftssystems, um klug und bewusst zu handeln.
- Habe Mut, in Aktien zu investieren, um von der Inflation zu profitieren und dir ein stabiles Fundament für die Zukunft zu erschaffen.

5. KAPITEL

Shoppen auf dem Aktienmarkt

Börse und Broker

Aktien zu kaufen ist viel einfacher, als du vielleicht denkst. Das ist wie mit dem Online-Shopping, früher konnte man sich das auch nicht vorstellen, alles im Internet zu bestellen (von Kleidung über Sommerurlaub bis zu Lebensmitteln), jetzt aber ist es das Normalste der Welt. So ist und wird auch für dich der Aktienkauf. Zur Erinnerung: Aktien sind Unternehmensanteile. Wir schauen uns erst einmal an, wo Aktien gehandelt werden: an der Börse. Denn Aktien kannst du nicht im Supermarkt oder auf dem Wochenmarkt kaufen, aber das Prinzip einer Börse ist das Gleiche: Man bringt Käufer und Verkäufer für den Handel zusammen. Ein Auto kannst du auch nicht im Supermarkt kaufen, sondern du kaufst es bei einem Autohändler. Es gibt unterschiedliche Börsen: Aktien werden an Aktien-Börsen gehandelt und Anleihen wiederum an Anleihen-Börsen.

Wie entstand die Börse?

Die Geschichte der Börse reicht weit zurück. Schon in der Antike trafen sich Händler an definierten Handelsorten, um Waren auszutauschen und Geschäfte zu machen. Im Alten Rom gab es bereits erste Formen von Aktien, bei denen Investoren Anteile an Unternehmen kaufen konnten. Die ersten Börsen entstanden aber erst im späten Mittelalter bzw. in der Frühen Neuzeit.

So bleibt's im Kopf

Als erste offizielle Börse der Welt gilt die Amsterdamer Börse, die für ihren Handel von Tulpenzwiebeln weltbekannt wurde. Hast du schon einmal von der »Tulpenmanie« gehört? In den Handelshochzeiten wurden dort für eine einzige Tulpenzwiebel Preise gezahlt, die dem Wert eines Hauses entsprachen, weil Tulpen Spekulationsobjekte waren. Es gibt Berichte über Tulpenzwiebeln, die für 5 000 bis 10 000 Gulden gehandelt wurden. Zum Vergleich: Ein guter Handwerker verdiente damals etwa 300 bis 400 Gulden pro Jahr!

Die erste deutsche Börse wurde interessanterweise 1558 in Hamburg gegründet. Damit ist sie eine der ältesten Börsen der Welt und war der Ort, an dem der Handel mit Wertpapieren in Deutschland begann. Heute hat dieser Börsenplatz allerdings keine große Bedeutung mehr. Stattdessen ist die Frankfurter Börse die wichtigste Börse Deutschlands und wurde etwa 30 Jahre später gegründet.

Die Idee der Aktien verbreitete sich im Laufe der Zeit. So wurde die London Stock Exchange 1801 gegründet und in Amerika hatte der Börsenhandel im späten 18. Jahrhundert seinen Anfang gefunden. Hier dürfte die bekannteste Gründung die New York Stock Exchange (NYSE) 1792 gewesen sein, die heute zu den größten Börsen der Welt zählt. Im 20. Jahrhundert lösten elektronische Handelsplattformen die traditionellen Börsen ab: Die erste war die Nasdaq in New York, die 1971 gegründet wurde und sich auf den Handel mit Technologieunternehmen konzentrierte. Seither spielen Börsen eine zentrale Rolle im globalen Finanzsystem. Wichtig ist in diesem Kontext noch, dass die Börse ein regulierter Ort ist, kein »Wilder Westen«. Sie wird in jedem Land von staatlichen oder unabhängigen Regulierungsbehörden überwacht. Diese Behörden stellen sicher, dass der Handel fair, transparent und sicher abläuft, sodass alle Marktteilnehmer gleiche Chancen und Schutz genießen.

Welche Bewegungen gibt es am Aktienmarkt?

Prinzipiell gibt es drei unterschiedliche Bewegungen am Aktienmarkt: Der Aktienkurs kann sich nach oben bewegen (im Aufwärtstrend sein), zur Seite bewegen (Seitwärtstrend) oder nach unten (im Abwärtstrend). Jedoch achten die wenigsten Menschen auf den historischen Verlauf des Aktiencharts. Er ist aber ein wichtiges Tool, um anhand der Vergangenheit der Aktie abzuschätzen, wie sie sich in Zukunft entwickeln könnte. Ganz vereinfacht kannst du dir den Aktienmarkt auch wie die Jahreszeiten vorstellen. Es gibt den warmen Sommer und den kalten Winter. Entweder ist es gerade sonnig und warm an der Börse oder kalt und verschneit. Dazwischen gibt es Seitwärtstrends, wie Herbst und Frühling. Hier entscheidet sich das Wetter nicht ganz eindeutig in eine Richtung. An der Börse nennen sich die zwei großen Richtungen des Marktes Bullen- und Bärenmarkt.

Vielleicht hast du jetzt die zwei großen, berühmten Statuen vor der New Yorker oder der Frankfurter Börse vor dem inneren Auge? Den Bullen und den Bär? Der Bulle steht für steigende, während der Bär für fallende Kurse steht, denn der Bulle drückt mit seinen Hörnern nach oben, während der Bär mit seiner Tatze die

Kurse nach unten schlägt. Deswegen sagt man im Aktien-Jargon auch, der Markt sei *bullish* oder *bearish*. Wie du erkennst, was der Markt gerade ist, erkläre ich dir im 10. Kapitel rund um die technische Analyse. Wenn du also hörst: *Wir befinden uns im Bullenmarkt*, dann heißt das, dass die meisten Kurse im Aktienmarkt steigen. Spricht man hingegen von einem Bärenmarkt, wie es zum Beispiel um 2008 und 2009 der Fall war oder zu Beginn der Corona-Pandemie im März 2020, dann fallen die meisten Aktienkurse. Bären-Phasen dauern meistens kurz an, gehen dafür aber mit Panik und Sorge vieler Anleger einher – wie ein Sturm. In diesen Zeiten ist der Aktienmarkt turbulent und für Anfänger schwieriger zu handhaben. Gerade für deinen Einstieg an der Börse empfehle ich dir daher, eher im Bullenmarkt mit dem Aktienkauf anzufangen. Obwohl es sich nur um eine kurze Zeitspanne handelt, machen viele ein großes Thema um den Bärenmarkt und investieren aufgrund ihrer Angst nie an der Börse. Sie verpassen damit aber auch eine riesige Chance, ein Vermögen mit Aktien aufzubauen.

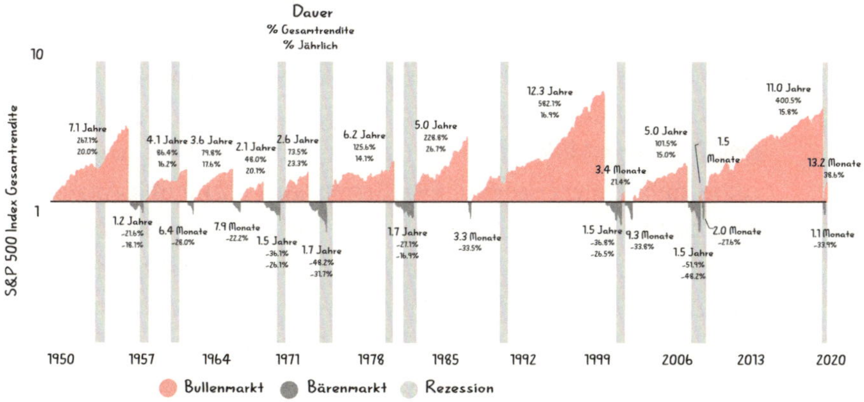

Wie du in dieser Grafik »S&P 500 Index Gesamtrendite« auf den ersten Blick siehst, befinden wir uns die meiste Zeit im Bullenmarkt und erleben steigende Kurse. Die Bärenmärkte sind hier in grau dargestellt und zeitlich gesehen deutlich kürzer als die in rosa gekennzeichneten Bullenmärkte. Das ist den meisten leider nicht bewusst, sie denken stattdessen, ein Sonnentag an der Börse sei so selten wie ein warmer Sonnentag in Wuppertal (denn da werden die Kinder bekanntlich mit dem Regenschirm in der Hand geboren ;)). Die Börse ist aber ein Sonnenort und du solltest wirklich davon profitieren, statt dich aus Angst vor kurzen Wintern der Börse gegenüber zu verschließen und die Schönheit des Vermögensaufbaus zu verpassen. Kreuze an, wie du die Börse bisher angesehen hast:

- ○ als sonnigen wunderschönen Ort, der Früchte trägt und in dem Honig fließt,

oder

- ○ als kalten, unbezwingbaren und gefährlichen Ort, von dem du dich lieber fernhältst.

Wie kommt der Preis einer Aktie zustande?

Der Preis pro Aktie ist der Betrag für den Kauf einer einzelnen Aktie eines Unternehmens. Der Betrag wird rein durch Angebot und Nachfrage an der Börse festgelegt. Viele Leute stellen sich das komplizierter vor, als es wirklich ist. Denn du kannst bei deinem Broker (zur Auswahl dessen kommen wir auch noch) eingeben, zu welchem Preis du eine Aktie kaufen oder verkaufen willst: eine »*Limit-Order*«. Es gibt auch noch die »*Market-Order*«, bei der du deine Aktien zum aktuellen Preis kaufst oder verkaufst. Lebensmittel im Supermarkt kaufst du sozusagen zum Market-Order-Preis. Hier gibst du keine Preisvorstellungen ab. Auf dem Flohmarkt ist das schon anders, da wird verhandelt. Genauso ist es auch an der Börse, aber in größerem Maßstab: Kaufinteressenten platzieren ihr Kaufangebot über den Broker an der Börse, während Verkaufsinteressenten ebenso ihre Verkaufsangebote platzieren. Diese Daten werden digital in ein sogenanntes »Orderbuch« eingetragen. Dann wird geschaut, wo preislich der meiste Handel stattfinden würde, wo also die meisten Pärchen zwischen Kauf und Verkauf zusammenkommen – das legt den Preis fest.

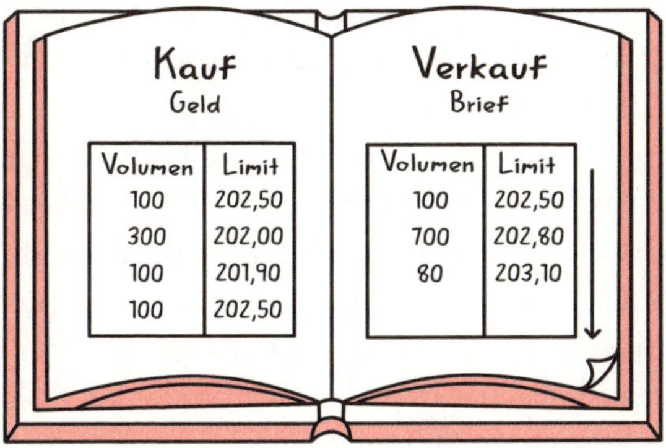

Das Orderbuch einer Aktie ist übersichtlich aufgebaut: Links stehen die **Kauf**angebote mit den dazugehörigen Preisvorstellungen (Limit-Preis), rechts stehen die **Verkauf**sangebote. Hierbei handelt es sich um die Preise, zu denen Marktteilnehmer ihre Aktie verkaufen möchten. Wie groß Angebot und Nachfrage einer Aktie sind, wird durch Faktoren wie die Geschäftsergebnisse des Unternehmens und die allgemeine Marktlage beeinflusst. Positive Nachrichten über einen Konzern können, müssen aber nicht den aktuellen Preis einer Aktie beeinflussen. Am Ende des Tages bestimmen Angebot und Nachfrage den Preis.

Für den Handel müssen immer ein Käufer und ein Verkäufer zusammenkommen. Wenn sich diese beiden nicht treffen, geht die Aktie nicht über den Tisch. Heutzutage ändert sich der Preis einer Aktie während der Handelszeiten kontinuierlich und im Sekundentakt, da permanent neue Aufträge eingehen, ausgeführt werden und sich das Marktgeschehen verändert. Früher fand das immer zu Börsenschluss statt.

Der Preis des **Verkäufers** wird **»Briefkurs«** oder »*Ask-Price*« genannt. Das hat historische Wurzeln und stammt aus der Zeit, als Börsengeschäfte noch über Telefon und Fax abgewickelt wurden, bevor der Handel elektronisch und automatisiert wurde. Damals schrieb der Verkäufer sein Angebot auf eine Tafel, der sogenannte »Brief«, der dann in der Börsenhalle ausgestellt wurde.

Auf der anderen Seite gab es den »Geldzettel«, auf dem die Angebote von Käufern notiert wurden. Dieser enthielt den höchsten Preis, den ein **Käufer** für eine Aktie bereit war **zu zahlen**. Heute wird das als **»Geldkurs«** oder »*Bid-Price*« bezeichnet. Der Geldkurs ist in der Regel niedriger als der Briefkurs, da der Verkäufer normalerweise einen niedrigeren Preis akzeptieren wird, um schnell einen Käufer zu finden. Der Briefkurs aber ist in der Regel höher als der Geldkurs, da der Verkäufer versucht, den höchstmöglichen Preis für sein Wertpapier zu erzielen. Die Differenz zwischen dem Geldkurs und dem Briefkurs wird als »*Spread*« bezeichnet. Letztendlich wäre der Spread dein realisierter Verlust, wenn du kaufen und sofort wieder verkaufen würdest, und er ist ein wichtiges Konzept im Börsenhandel, da er die Kosten für den Kauf und Verkauf von Wertpapieren für den Investor beeinflusst: je enger der Spread, desto geringer die Handelskosten.

Viele sogenannte Neo-Broker sind bedienerfreundliche und einfach einzurichtende Online-Broker. Meistens sind sie aber nur an eine Börse angebunden. Neo-Broker verdienen ihr Geld damit, dass der Spread höher ist als bei konventionellen Brokern. Deswegen verwende ich persönlich zum Handeln an der Börse keine Neo-Broker wie TradeRebublic oder Robinhood. Mir sind die Preise zu intransparent; außerdem könnte eine Börse ausfallen oder nicht genug Liquidität haben. Ich kenne auch keine Profis, die mit Neo-Brokern handeln.

Obwohl der Handel heute weitgehend elektronisch abläuft, haben sich diese Begriffe erhalten, um den Verkaufs- und Kaufpreis von Wertpapieren anzugeben und den *Bid-Ask-Spread* zu beschreiben. Sie sind nach wie vor wichtige Begriffe in der Börsenwelt.

Du solltest außerdem beachten, dass der Preis pro Aktie allein nicht viel über den Wert eines Unternehmens aussagt. Um den wahren Wert eines Unternehmens zu verstehen, ist eine umfassendere Bewertung erforderlich, die auch andere finanzielle Kennzahlen und Informationen berücksichtigt. Dazu später mehr!

Wie kannst du eine Aktie kaufen?

Um an einer Börse Aktien zu kaufen, brauchst du einen Mittelsmann, wie der Makler beim Immobilienkauf. An der Börse heißt er »*Broker*«. Dieser bekommt wie der Makler für das Platzieren der Order am Börsenplatz eine Vermittlungsgebühr. Einen wichtigen Unterschied gibt es dennoch: Eine Immobilie kannst du auch ohne Makler kaufen und verkaufen. Bei Aktien geht ein Kauf ohne Broker nicht!

Früher hättest du deinen Broker persönlich angerufen und ihm gesagt: Kaufe mir bitte 100 Aktien von Apple. Er hätte dann telefonisch mit den Händlern auf dem Parkett (damals der Ort des Geschehens an der Börse, an dem Aktien gehandelt wurden) Kontakt aufgenommen. Vielleicht hast du jetzt die Männer aus alten Filmen (oder *The Wolf of Wall Street*) vor Augen, die mit hochrotem Kopf am Telefon sitzen und ihre Bestellungen aufgeben – das waren die Broker. Während die Händler auf dem Parkett standen und wild mit den Armen fuchtelten.

Diesen Stress müssen wir uns heute nicht mehr machen. Oder bestellst du deine Pizza etwa unter Zeitdruck und schreist aufgeregt durchs Telefon: »Bitte eine Pizza mit fünf Scheiben Salami und ohne Oliven! Steht der Preis noch?« Das geht heute alles viel entspannter. Dein Makler ist digital und nennt sich Online-Broker. Es ist keine Person mehr, sondern eine digitale Plattform – wie beim Online-Banking: Du sprichst nicht mit einer netten Dame am Bankschalter, sondern loggst dich in dein Online-Banking-Portal ein und überweist dein Geld. Auch beim Aktienkauf rufst du niemanden (mehr) an, sondern loggst dich im Online-Broker-Portal ein und (ver)kaufst die gewünschten Aktien.

Ob du nun bei einem Online-Broker handelst oder über dein Konto bei der Hausbank Aktien kaufen möchtest: Die Auswahl der Aktien triffst du selbst und (ver)kaufst sie auch eigenhändig. Wie bei einer Überweisung führst du in beiden Fällen (Online-Broker oder Hausbank) die Transaktion selbst durch. Es gibt viele verschiedene Broker. Seit drei Jahren sprießen Online-Broker wie Pilze aus dem Boden und es ist wichtig, dass du dir einen guten auswählst.

Worauf du achten solltest, bevor du einen Anbieter auswählst

1. An wie vielen Börsen kannst du handeln?

Viele Broker sind in aller Munde. Einige handeln jedoch nur an einer einzigen deutschen Börse. Davon rate ich dir ab, denn diese eine Börse kann geschlossen oder der Handel ausgesetzt werden (das ist bereits vorgekommen!). Dann bist du handlungsunfähig. Willst du in einem solchen Moment eine Aktie schnell verkaufen, geht das nicht. Deswegen sollte dein Broker mit vielen Börsenplätzen verbunden sein. So hast du immer die Möglichkeit, deine Aktien überall zu kaufen und zu verkaufen.

2. Kosten pro Transaktion?

Broker, die dir kostenlose Transaktionen versprechen, holen sich diese Gebühren meist versteckt zurück. Also Achtung vor vermeintlich guten Angeboten! Der Broker verdient nun mal an deinem Handel Geld, denn du bezahlst für jede Transaktion. Wenn

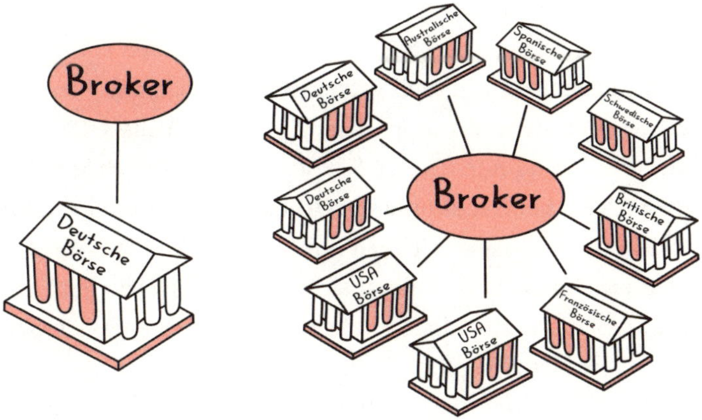

du Aktien kaufst und wieder verkaufst, fallen Gebühren an. Deswegen ist es wichtig, dass du weißt, wie viel Geld dich eine Transaktion kostet. In der Regel sind es um die 5 Euro. Viele Hausbanken wollen in der Regel nicht, dass ihre Kunden selbst an die Börse gehen, weil sie mit ihren Bankprodukten mehr Geld als mit den Transaktionskosten verdienen. Besonders wenn Menschen »Buy and hold«-Strategien verfolgen, sie also Aktien einmal kaufen und sehr lange halten. Trotzdem sind die Kosten bei den Online-Brokern der Hausbank pro Transaktion häufig hoch und liegen bei ungefähr 25 Euro. Diese hohen Gebühren können bei kleinen Depots die Rendite signifikant schmälern, deswegen ist es in der Regel besser, sich einen Online-Broker zu suchen, der spezialisiert ist auf den Aktienhandel an allen großen Börsenplätzen.

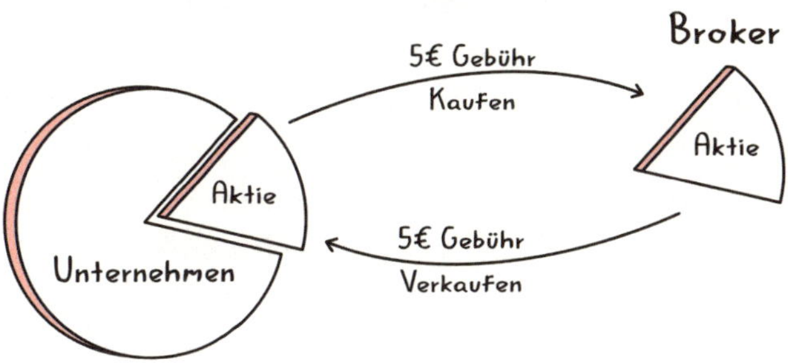

3. Einlagensicherung

Broker und Banken sind Unternehmen und können somit auch insolvent gehen. Sehr aktuell gab es 2022 die Beinahe-Pleite der Credit Suisse, die durch die Übernahme durch die UBS abgewendet werden konnte. In der Kryptowelt ging der Broker FTX insolvent. Wie bei Bankkonten greift dann im Idealfall die Einlagensicherung. Diese gilt jedoch nur für Privatkunden! Einlagen von Unternehmen und anderen institutionellen Anlegern sind nicht automatisch geschützt und müssen gegebenenfalls separat versichert werden. Wichtig für dich zu wissen: Wenn du Aktien gekauft hast, gehören diese Aktien dir und gelten als Sondervermögen. Dieses Vermögen ist geschützt und geht nicht in die Insolvenzmasse ein, falls der Broker oder die Bank Pleite geht. Wenn du derzeit auf deinem Bankkonto mehr als 100 000 Euro geparkt hast (Geldeinlagen gehören der Bank und sind in Deutschland nur bis 100 000 Euro abgesichert), dann wäre eine Umschichtung in Aktien eine Überlegung wert. Die Credit Suisse war nicht die erste oder die letzte Bank in Schieflage und einen Lehman-Moment möchtest du sicher nicht persönlich erleben.

Ich selbst benutze seit Beginn meiner Aktienkarriere den Broker einer Tochterfirma von Interactive Brokers, wegen des guten Kundensupports. Auf dem Markt gelten diese als Profi-Plattform. Es gibt auch gute Alternativen wie Comdirect, ING Diba oder Onvista.

4. Übersicht von unterschiedlichen Handelsstrategien

Es gibt unterschiedliche Strategien für den Aktienhandel. Ich möchte dir hier kurz eine Übersicht geben, denn sie werden oft vermischt, dabei ist es wichtig, dass du die Unterschiede kennst und dich bewusst für deine Handlungen entscheidest. Außerdem brauchst du fürs Daytrading einen speziellen Broker.

- **Anleger, die »Daytrading«** betreiben, schauen sich hauptsächlich die Tagesverläufe einer Aktie an. Dabei werden innerhalb eines Tages mehrere Käufe und Verkäufe von Wertpapieren durchgeführt. Investoren wollen hier von kurzfristigen Preisschwankungen profitieren. Ich persönlich betreibe diese Form des Aktienhandels nicht, da es mir zu zeitaufwendig ist und ich die ganze Zeit vor dem Rechner sitzen müsste, während ich handele.
- **»Swing Trader«** halten ihre Positionen tage- bis wochenlang. Hier nehmen die Anleger Schwünge der Aktienbewegung mit. In der Regel ist das auch mit etwas höherem Zeitaufwand verbunden, weil man viele Käufe und Verkäufe tätigt und ein gutes Timing braucht.
- **Beim langfristigen Investieren** suchen Anleger nach Unternehmen, deren Aktienkurse in den letzten fünf bis zehn Jahren erfolgreich nach oben gelaufen sind. In diesem Buch geht es um diese Anlegeweise, denn ich finde, man sollte ein Investment so lange halten, solange es gut läuft. Wenn es nicht mehr gut läuft, kann man sich davon trennen. Die Aktien werden bei dieser Strategie fundiert untersucht, um sich langfristig an gute Unternehmen zu binden.
- **»Buy and hold«** heißt übersetzt »kaufen und halten« – komme, was wolle. Ich mag diese Art der Investition nicht so gern, da es

emotional schwierig ist, fortwährend investiert zu sein, wenn die Aktie fällt und alle Ampeln auf Rot stehen.

Im 10. Kapitel lernst du, wie du Ein- und Ausstiege erkennst, denn dort erkläre ich technische Analysen von Aktiencharts.

5. Demokonto bzw. Papierdepot

Wenn du einen Führerschein machst, musst du in einem echten Auto fahren. Beim Aktienkauf kannst du zunächst im Simulator starten, dem sogenannten Demo- oder Papierdepot. Hier handelst du nicht mit echtem Geld, sondern mit »Papiergeld«. Dabei lernst du, mit dem Broker umzugehen, und kannst deine Strategie risikofrei testen. Ich empfehle meinen Teilnehmerinnen immer, mit einem Demokonto anzufangen. Wichtig ist aber, dass du den Absprung ins echte Depot schaffst, sonst verdienst du nie Geld!

Was kann man an der Börse handeln?

An der Börse können verschiedene Finanzinstrumente gehandelt werden. In diesem Buch gehen wir nur auf Aktien, Anleihen, Indizes und ETFs ein. Ich selbst handle auch noch Optionen und Kryptowährungen.

1. **Aktien:** Anteile an einem Unternehmen, die an der Börse gehandelt werden. Investoren kaufen Aktien, um von Kurssteigerungen und Dividendenausschüttungen zu profitieren.
2. **Anleihen:** Schuldscheine, bei denen Anleger dem Staat oder einer Firma Geld leihen. Im Gegenzug erhalten sie Zinsen und das Kapital zurück.
3. **Futures:** Verträge, die den Kauf oder Verkauf eines Vermögenswerts zu einem zukünftigen Zeitpunkt zu einem festgelegten Preis regeln. Futures werden oft von Händlern genutzt, um auf Preisschwankungen von Rohstoffen, Währungen und Indizes zu setzen.

4. **Optionen:** Verträge, die dem Käufer das Recht, aber nicht die Pflicht einräumen, einen Vermögenswert zu einem festgelegten Preis zu kaufen oder zu verkaufen. Optionen werden oft zur Absicherung des Vermögens oder zum Einnehmen von Prämien verwendet.
5. **Devisen (Forex = Währung):** Der Handel mit Währungspaaren, bei dem Händler auf die Wertentwicklung einer Währung gegenüber einer anderen setzen.
6. **Rohstoffe:** Handel mit physischen Rohstoffen wie Gold, Silber, Öl, Getreide usw. Dies kann entweder über Terminkontrakte oder Rohstofffonds geschehen.
7. **ETFs (Exchange-Traded-Funds):** Fonds, die an der Börse gehandelt werden und eine breite Palette von Vermögenswerten wie Aktien, Anleihen oder Rohstoffe abbilden.
8. **Kryptowährungen:** Digitale Währungen wie Bitcoin oder Ethereum, die an speziellen Kryptowährungsbörsen gehandelt werden.

Übung

Wähle einen Broker für dich aus

Lass uns zusammen ein Brokerkonto für dich eröffnen. Schau dir dafür alle Broker in Ruhe an und entscheide dich für einen. Wenn du deinen Account eröffnet hast, kannst du mit dem Aktienkauf loslegen. Aber Halt! Kaufe nicht wahllos Unternehmensanteile. Du musst wissen, welche Aktien Geld in dein Depot spülen und dir eine grandiose Rendite erwirtschaften. Faule Früchte in Form von schlecht ausgewählten Aktien sind sinnlos und kosten dich Geld. Wie man eine gute Aktie herausfiltert, erfährst du im nächsten Kapitel.

Wie kannst du eine Aktie an der Börse eindeutig identifizieren?

Manchmal ist es nicht so einfach, die richtige Aktie zu finden, wenn du sie beim Broker suchst. Denn es gibt viele unterschiedliche Bezeichnungen für eine Aktie, daher im Folgenden eine Übersicht. In der unten abgedruckten Grafik siehst du das Ergebnis, wenn man die Microsoft-Aktie bei TradingView eingibt. An erster Stelle erscheint Microsoft an der NASDAQ mit dem passendem Ticker MSFT.

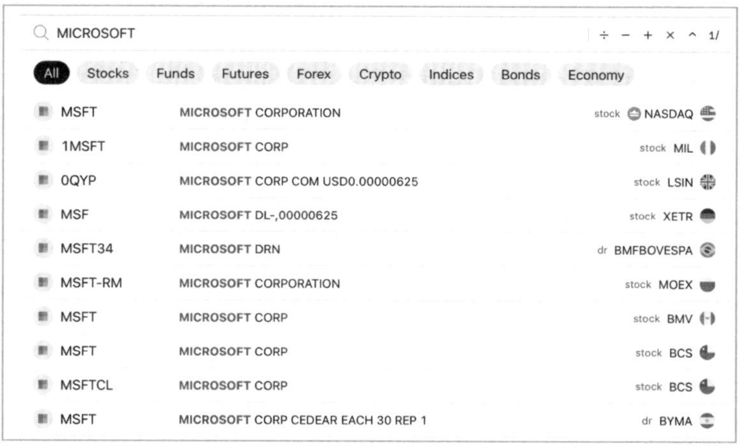

Ticker

Ich handle an der amerikanischen Börse und hier wird der sogenannte »Ticker« verwendet: Das ist wie ein Spitzname für ein Wertpapier, eine Art Abkürzung, die man sich leicht merken kann. So ist zum Beispiel »AAPL« der Spitzname für die Aktien von Apple Inc. Der Ticker wird oft in Finanznachrichten, Börsenplattformen und Handelssoftwares verwendet. Dasselbe Unternehmen kann unterschiedliche Ticker haben – abhängig von der Börse, an der die Aktie gehandelt wird. Der Ticker für die Microsoft-Aktie an der amerikanischen NASDAQ ist MSFT, aber an der Frankfurter Börse MSF.

ISIN (International Securities Identification Number)
Die ISIN ist wie eine eindeutige ID-Nummer für ein Wertpapier, vergleichbar mit einem Fingerabdruck. Jede ISIN ist weltweit einzigartig und hilft dabei, ein bestimmtes Wertpapier zu identifizieren. Zum Beispiel lautet die ISIN für die Microsoft-Aktien US5949181045.

WKN (Wertpapierkennnummer)
Die WKN ist ähnlich wie die ISIN, aber sie wird nur in Deutschland verwendet. Sie hilft auch, ein bestimmtes Wertpapier innerhalb Deutschlands zu identifizieren; die von Microsoft lautet 870747. Diese Bezeichnungen sind wichtig, damit du die gewollte Aktie kaufst statt fälschlicherweise einer anderen, die ähnlich klingt. Das ist wie mit deinem Vor- und Nachnamen plus deinem Geburtsdatum. So kann es zu keiner Verwechslung kommen.

Online-Kurs

Ich zeige dir, wie du ein Broker-Konto erstellst. Melde dich über den QR-Code an.

Ich habe in diesem Buch ein ganz besonderes Geschenk für dich: Als Leserin von »Mami goes Millionär« kannst du dir ein attraktives Angebot bei CapTrader sichern. Hier kostet eine Transaktion nur ca. 2 Euro und nicht 5 Euro wie bei anderen Anbietern. Schau es dir unbedingt an!

Zusammenfassung

- Aktien kaufen ist einfacher als gedacht, ähnlich wie Online-Shopping.
- Die Börse bringt Käufer und Verkäufer wie auf einem Wochenmarkt zusammen.
- Die Börse hat eine lange Historie, angefangen in der Antike bis zur ersten offiziellen Börse in Amsterdam für den Tulpenhandel.
- Börsen sind heute reguliert und überwacht, um fairen und transparenten Handel zu gewährleisten.
- Der Aktienpreis wird durch Angebot und Nachfrage bestimmt.
- Ein Broker ist dein Mittelsmann an der Börse, heute meist eine Online-Plattform.
- Achte bei der Wahl des Brokers auf die Anzahl der handelbaren Börsen sowie auf Transaktionskosten und Einlagensicherung.
- Wähle einen passenden Broker für dich aus und eröffne ein Aktiendepot bei dem Broker deiner Wahl.
- Vorteile eines professionellen Brokers: weltweites Handeln, Zugriff auf verschiedene Derivate, geringe und transparente Kosten.
- Nachteile: komplexere Plattform, aufwendigere Kontoerstellung.
- Übe zuerst auf einem Demokonto oder mit einem Papierdepot, bevor du mit echtem Geld handelst.
- Es gibt verschiedene Anlagestrategien, die mit unterschiedlich viel oder wenig Zeitaufwand verbunden sind.
- Identifiziere eine Aktie durch Ticker, ISIN und WKN.
- Wähle sorgfältig aus, welche Aktien du kaufst, um dein Depot erfolgreich wachsen zu lassen.

6. KAPITEL

Erster Aktiencheck – Lohnt sich das Investment oder nicht?

Chartverlauf

Es gibt einen weit verbreiteten Glaubenssatz, der besagt: »Gute Aktien auszuwählen, ist schwierig und zeitaufwendig.« Ist das aber wirklich so? Verdorbenen Fisch erkennst du auf den ersten Riecher … das ist mit schlecht laufenden Aktien nicht anders, du musst nur wissen, worauf du achten musst. In diesem Kapitel will ich dir zeigen, dass der erste Eindruck deiner ausgewählten Aktien viel einfacher und schneller zu bekommen ist, als gedacht. Mit ein paar einfachen Tricks kannst du die guten von den schlechten Unternehmen unterscheiden. Du wirst sehen, das motiviert und macht neugierig auf mehr.

Stell dir vor, du trittst mit deinem Team bei den Olympischen Spielen an. Wen suchst du dir dafür aus?

A) Patienten auf der Intensivstation, die künstlich beatmet werden müssen,
B) junge, gut aussehende Sportstudenten oder
C) erfahrene, athletische Spitzensportler?

Vielleicht wählst du jetzt B, die jungen, gut aussehenden Studenten. Jedoch brauchst du Vitalität *und* Erfahrung, um zu gewinnen. Daher entscheidest du dich vermutlich für C. Wenn du Unternehmensanteile kaufen willst, um damit dein Geld zu vermehren, dann suchst du dir am besten Firmen aus, die über längere Zeit eine äußerst gute Performance zeigen. Deswegen schauen wir uns zuerst diese an der Börse an, ehe wir eine fundamentale Analyse durchführen. Der Aktienchart lässt sich einfach lesen, denn er spricht eine klare Sprache.

Nehmen wir erneut das Beispiel mit der olympischen Medaille zur Hand: Es ergibt keinen Sinn, dir die Blutwerte der Patienten auf der Intensivstation anzusehen, wenn du sofort erkennst, dass sie schwer krank sind. Hier verschwendest du mit weiteren Analysen nur deine Zeit. Stattdessen würdest du dir anschauen, welche Spitzensportler in den letzten Jahren viele Wettbewerbe gewonnen haben und welche du für dein Team gewinnen könntest. So gehst du auch an der Börse vor. Du betrachtest als Erstes den Aktienchart. Geht er hoch, runter oder verläuft er seitwärts? Ein aussagekräftiger Zeitraum dafür sind die letzten fünf Jahre. Wie hat sich das Unternehmen in dieser Zeit an der Börse entwickelt? Diese Daten findest du ganz einfach und kostenlos im Internet, suche dir die Aktie einfach in der Suchmaschine deines Vertrauens heraus. Entweder hat sich in den letzten fünf Jahren nichts getan, das heißt, der Aktienkurs steht in etwa gleich da. Oder der Kurs ist stark gestiegen bzw. stark gefallen. Wie das aussehen kann, zeige ich dir jetzt anhand mehrerer Beispiele aus der Pharmabranche, denn, wie es so schön heißt: »Pharma geht immer.« Du wirst aber sehen, die Performance der Unternehmen in einer Branche variiert stark.

1. Beispiel: Bayer AG

Bei Kopfschmerzen nimmst du vielleicht eine Aspirin und du kennst das Bayer-Logo möglicherweise von Medikamentenverpackungen. Daher denkst du vielleicht, das könnte ein spannendes Unternehmen sein, denn jeder kennt es. So sieht es aber aus, wenn ich »Bayer Aktie« bei Google eingebe (Stand August 2023):

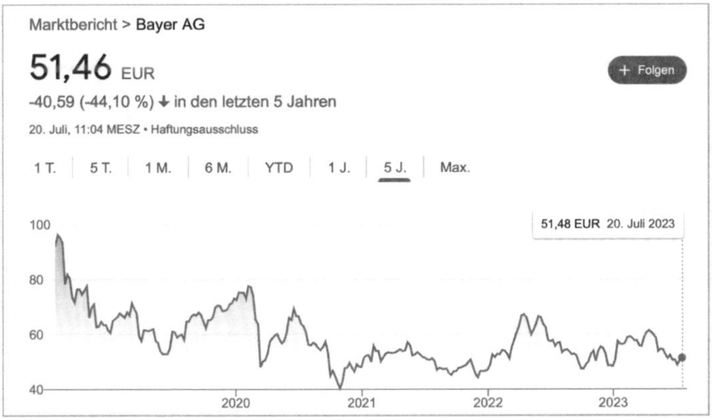

Du siehst hier den Fünf-Jahres-Chart. Dafür klickst du in der Leiste auf »5 J.« Die Firma Bayer hat als weltweit agierendes Pharmaunternehmen in den letzten fünf Jahren ein Minus von ca. 44 Prozent gemacht. Die Zahl –40,59 (Euro) steht für den absoluten Wert, das heißt, die Aktie ist von grob 90 Euro auf grob 50 Euro gefallen. Die –44,10 (Prozent) ist die relative Zahl, um die die Aktie prozentual gefallen ist.

2. Beispiel: Eli Lilly and Company

Vermutlich stößt du bei der Suche nach Aktienunternehmen in der Pharmabranche auf dir noch unbekannte Unternehmen. Das heißt aber nicht, dass sich ein Blick auf den Chart nicht lohnen würde. Denn so wie in der Abbildung auf der folgenden Seite sah es aus, als ich »Eli Lilly Aktie« bei Google im Juli 2023 eingab.

Das Unternehmen Eli Lilly, das viele rezeptpflichtige Medikamente herstellt, hat in den letzten fünf Jahren ein Plus von 390 Prozent gemacht. Ich zeige dir diese beiden extrem unterschiedlich entwickelten Unternehmen, um dir die Einfachheit zu verdeutlichen. Du kannst bereits anhand des Chartverlaufs einer Aktie erkennen, ob sich ein Investment lohnen könnte oder nicht. Der Chartverlauf beantwortet dir schon die entscheidende Frage: Ist der Patient ein Athlet für unser Olympiateam oder ist er schwer

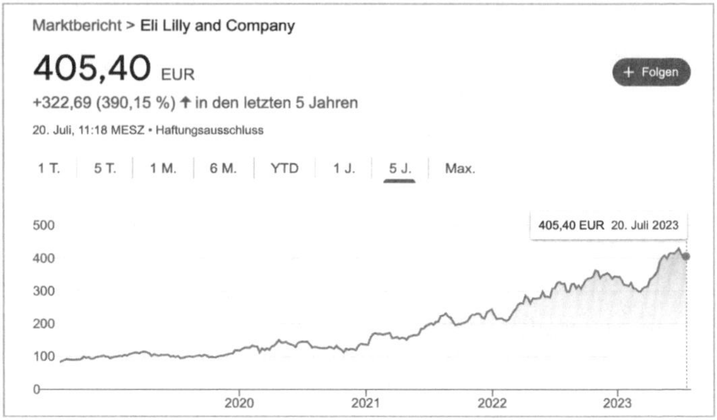

krank? Ich bin weder Ärztin noch kann ich schwerkranken Unternehmen helfen. Ich will dich einfach nur vor dem Fehler bewahren, den manche machen, wenn sie sich kranke und gebrechliche Unternehmen ins Depot holen, um darauf zu hoffen, dass sie sich schnellstmöglich erholen und zu Top-Athleten bzw. High-Performern werden. Warum aber ist das so ein Phänomen? Weil sie zum Beispiel glauben, dass die Aktie nur kurz so günstig sei, es also an der Zeit sei, viele davon zu kaufen. Es kann mal passieren, dass eine fallende Aktie nach oben dreht. Das ist aber nicht die Regel und unglaublich schwierig und nervenaufreibend. Als Aktionär sitzt du nicht mit im Management und kannst nicht mitlenken oder mitsteuern, sondern du bist davon abhängig, dass die Firma von Saulus zu Paulus wird. Ich mache sowas nicht, mir ist das zu anstrengend. Ich suche von Haus aus immer Top-Performer – es gibt nichts Schöneres, als mit Profis zu arbeiten.

So bleibt's im Kopf

Stell dir vor, du gehst auf den Wochenmarkt und möchtest Fisch kaufen. Am Fischstand wird dir ein alter, stinkender Fisch für 10 Euro das Kilo angeboten. Eigentlich kostet das Kilo 20 Euro. Ein Schnäppchen, oder? Nimmst du ein oder zwei davon mit? Natürlich nicht! Was ist, wenn der Verkäufer sagt: »Komm schon, ich gebe dir den Fisch heute auch für unschlagbare 5 Euro das Kilo! Ein echt einmaliges Angebot!« Da schaltet sich dein gesunder Menschenverstand ein: »Was soll ich mit einem vergammelten Fisch?« Behalte dir bitte diese Einstellung bei Aktien bei.

3. Beispiel: Pfizer

Pfizer ist eines der größten Pharmaunternehmen der Welt. Spätestens seit den Corona-Impfungen ist das Unternehmen in aller Munde. Wie aber schaut hier der Aktienkurs der letzten fünf Jahre aus? Im Folgenden das Ergebnis, als ich im Juli 2023 nach »Pfizer Aktie« suchte:

Das bekannte Pharmaunternehmen Pfizer hat in fünf Jahren nur 2,58 Prozent Rendite gemacht. Wie du sehen kannst, hat sich der Aktienchart im Grunde seitwärts bewegt, ohne signifikanten Auf- oder Abstieg. Hat sich ein Investment in dieses Unternehmen dann gelohnt? Das kannst du jetzt schon selbst beantworten, stimmt's?

Mit einem Unternehmen, das weniger als 10 Prozent Plus gemacht hat, hättest du aufgrund der Inflation nichts verdient. Ehrlich gesagt hättest du damit im Verlauf der fünf Jahre sogar an Kaufkraft verloren. Außerdem wärst du ein Risiko eingegangen. Bei dieser geringen Rendite hättest du dein Geld auch risikolos auf dem Tagesgeldkonto liegen lassen können. Denn: Wenn du an die Börse gehst, muss sich das für dich lohnen! Du musst höhere Renditen erzielen als die Inflation. Es gibt immer gut laufende Aktien. Du musst aber lernen, sie zu finden und zu erkennen. Von den drei Aktien aus dem Pharmabereich hätten sich zwei für dich in den letzten Jahren nicht gelohnt. Auch deswegen ist der erwähnte Glaubenssatz »Pharma geht immer« ein Irrglaube. In jeder Branche gibt es High- und Low-Performer. Entscheide dich immer für Erstere.

Ohne genauere Analyse kannst du bereits mit diesem einfachen Filter Unternehmen ausschließen und High-Performer identifizieren. Also ran an die Buletten. Das gilt auch für die Veganerinnen ;)

Übung

Triff eine erste Aktienauswahl

Welche Unternehmen kennst du, die an der Börse gelistet sind? Denke nach: Welche Kleidung trägst du? Welches Auto fährst du? Wo gehst du einkaufen? Welche Schokolade isst du? Aus welchen Komponenten ist dein Computer gebaut? Welche Software benutzt du? Was kaufst du in der Apotheke ein? Welche Reiseveranstalter kennst du? Und so weiter und so fort. Es gibt in allen möglichen Branchen Aktienunternehmen, also mach dich auf die Suche. Denke auch daran, wo du dich gut auskennst, was dir Spaß macht und worin du gut bist! Welche Aktienunternehmen findest du? Schaue dir mindestens 50 verschiedene Aktienunternehmen sowie deren Fünf-Jahres-Performance an.

Schreibe hier 50 Aktienunternehmen und deren Fünf-Jahres-Rendite auf:

	Unternehmen	Fünf-Jahres-Rendite [%]
1		
2		
3		
4		
5		
6		
7		
8		
9		
10		
11		
12		
13		
14		
15		
16		
17		
18		
19		
20		
21		

	Unternehmen	Fünf-Jahres-Rendite [%]
22		
23		
24		
25		
26		
27		
28		
29		
30		
31		
32		
33		
34		
35		
36		
37		
38		
39		
40		
41		
42		
43		
44		
45		
46		
47		
48		
49		
50		

Übung

Filtere die obersten 15 Unternehmen heraus

Schreibe dir aus der oberen Unternehmensauswahl mindestens 15 Aktienunternehmen heraus. Schaue nach, in welcher Branche diese Unternehmen tätig sind. Es ist dabei ratsam, fünf verschiedene Branchen abzudecken. Notiere dir die High-Performer-Unternehmen, die mindestens 100 bis 150 Prozent Rendite oder mehr in den letzten fünf Jahren erzielt haben:

Branche	Unternehmen	Warum interessant? Rendite in den letzten fünf Jahren

Zusammenfassung

Du bist mit diesem Kapitel schon deutlich weiter als ein Großteil der Aktieninvestoren. Diese Informationen sind kostenlos verfügbar, aber die meisten Menschen nutzen sie nicht. Hättest du gedacht, dass die Auswahl von Aktien so einfach ist und eine so deutliche Sprache spricht? Hat es dir die Augen geöffnet, dass manche Produkte, die du gerne benutzt, sehr gut oder auch extrem schlecht an der Börse laufen?

- Die Performance ist entscheidend: Für ein erfolgreiches Investment suchen wir nach Unternehmen mit längerfristig starker Rendite an der Börse.
- Die Aktiencharts sind aussagekräftig: Ähnlich wie bei der Auswahl eines Siegerteams für die Olympischen Spiele ist es sinnvoll, den Aktienchart zu betrachten, bevor wir eine fundamentale Analyse durchführen.
- Wir betrachten den Aktienchart der letzten fünf Jahre, um die Entwicklung eines Unternehmens an der Börse zu bewerten.
- Suche nach High-Performern: Ein Investment lohnt sich nur, wenn wir höhere Renditen erzielen als die Inflation.
- Daraus ergibt sich ein einfacher Filter für die Unternehmensauswahl.
- Schau dir mindestens 50 verschiedene Aktienunternehmen aus verschiedenen Branchen an und notiere diejenigen, die in den letzten fünf Jahren mindestens 100 Prozent Rendite erzielt haben.
- Schau dir immer unterschiedliche Branchen an.

7. KAPITEL

Was schützt deine ausgewählten Aktienunternehmen?

Burggräben

Hast du deine 15 Top-Unternehmen gefunden? Selbst wenn es nur acht oder zehn sind, ist das schon famos. Es ist die Hauptsache, dass du einige Top-Performer entdeckt hast und daran siehst, was an der Börse möglich ist. Wenn du vor fünf Jahren Aktien des Unternehmens Eli Lilly Company gekauft hättest, hättest du in dieser Zeit eine Rendite von mehreren Hundert Prozent gemacht. War dir bis dato bewusst, dass du in fünf Jahren so viel Rendite erzielen kannst? Hast du in deiner Tabelle auch Unternehmen mit noch mehr Rendite, vielleicht sogar mehr als 1000 Prozent? Ist die Börse nicht ein toller Ort? Mit so vielen Möglichkeiten und so viel Potenzial? Es ist jedoch gefährlich, sich ausschließlich auf den Chartverlauf zu verlassen, weil er nichts über die inneren Werte der Firma (also die Fundamentaldaten) aussagt. Kommen wir daher zu einer genaueren Untersuchung unserer Unternehmen: Welche Burggräben und Schutzmauern haben sie zum Schutz vor der Konkurrenz aufgebaut? Was unterscheidet unser Unternehmen von anderen Unternehmen? Was macht es zu einem wertvollen Investment?

So bleibt's im Kopf

Stell dir vor, du hast ein Portemonnaie voller Geld oder einen schönen Diamantring. Was machst du damit? Würdest du sie einfach auf der Straße liegen lassen? Oder in einer Umkleide offen liegen lassen? Wahrscheinlich nicht, denn du willst deine wertvollen Gegenstände schützen. Warum schließt du schließlich dein Haus oder Auto ab? Du willst kontrollieren, wer rein und raus geht, damit dir nichts abhandenkommt. Du hast schließlich nicht hart dafür gearbeitet, dass dir dann alles weggenommen wird. Aus diesem Grund schützen auch Firmen ihr Hab und Gut, auf unterschiedliche Weise, mit sogenannten **Burggräben**.

Das Wort leitet sich tatsächlich vom Burggraben ab, den Menschen im Mittelalter zum Schutz vor Eindringlingen gebaut haben. Je größer und tiefer ein Burggraben war, desto schwieriger war es für Feinde, eine Burg zu erobern. Wie sieht das jetzt in Bezug auf Unternehmen aus? Und was bedeutet das für dich als Aktieninvestorin?

Wir schauen uns die folgenden Burggräben genauer an:

1. **Marke** (z. B. bekannte Marke → höherer Preis)
2. **Firmengeheimnis** (z. B. Rezept von Coca-Cola)
3. **Beitrag** (z. B. Abo fürs Fitnessstudio)
4. **Wechselbereitschaft** (z. B. Apple-Kunden wollen kein anderes Betriebssystem)
5. **Preis** (z. B. sehr günstig oder sehr teuer)
6. **CEO** (z. B. weltbekannte Visionäre wie Steve Jobs)

Warum sind Burggräben wichtig?

Je mehr Burggräben ein Unternehmen hat und je tiefer sie sind, desto höher ist sein Schutz davor, Marktanteile an seine Konkurrenz zu verlieren, es ist also ein Schutz vor Umsatzeinbrüchen. Wenn du Unternehmensanteile kaufen willst, musst du verstehen, welche Vorteile ein Unternehmen hat, aber auch welchen Herausforderungen es sich stellt.

Aktuell haben wir mit einer hohen Inflation zu kämpfen. Ist das für jedes Unternehmen ein Problem bzw. ist jede Firma davon gleich betroffen? Nein! Eine Dior-Kundin, die für eine Tasche im Jahr 2022 noch 2 500 Euro ausgegeben hat, zahlt 2023 auch einfach 3 000 Euro dafür – immerhin über 20 Prozent Inflation. Wohingegen eine Primark- oder H&M-Kundin eventuell ihren Konsum einschränkt und dieses Jahr keinen neuen Pullover kauft, weil die gestiegenen Kosten für Lebensmittel und Energie ihr gesamtes Einkommen auffressen. Es ist also ein und dasselbe Problem nicht für alle Unternehmen problematisch. Deswegen darfst du nie pauschale Antworten akzeptieren, sondern musst dich immer fragen: Betrifft das auch mein ausgewähltes Unternehmen? Heißt es beispielsweise »Wegen der künstlichen Intelligenz werden alle Jobs wegfallen!«, dann muss dies für dich nicht unbedingt ein Problem sein, wenn du zum Beispiel in Unternehmen investierst, die diese Technologie entwickeln oder an diesem Trend partizipieren. Diese angstmachende Nachricht muss dich nicht persönlich betreffen, sondern du kannst stattdessen sogar davon profitieren.

Als intelligente Investorin musst du die aktuelle Wirtschaftslage immer im Zusammenhang sehen. Du darfst nicht davon ausgehen, dass ein einmal gut laufendes Unternehmen für immer gut laufen wird. Während meiner Grundschulzeit war es peinlich, wenn man zugeben musste, dass die Familie bei Aldi einkaufte. Heute jedoch tragen Menschen Pullover der Eigenmarke Aldi mit Stolz. Zeiten ändern sich und es gibt immer Möglichkeiten, Geld an der Börse zu verdienen. Mithilfe der Burggräben verstehst du als Investorin, wie ein Unternehmen Geld verdient. Wenn ein Unternehmen kein Geld mehr verdienen kann, hat es ein gravierendes Problem! Du als Investorin bekommst dann ein Problem, wenn du nicht rechtzeitig aussteigst, das heißt, nicht rechtzeitig die Aktie verkaufst. Verdient die Firma aber aufgrund neuer Umstände (wie höherer Inflation, Corona-Pandemie oder Ähnlichem) weiterhin Geld oder steigert sogar ihren Umsatz, kann es ein hochinteressantes Investment sein. Nutze deinen gesunden Menschenverstand! Denke darüber nach, welche Burggräben Unternehmen auszeichnen, die du interessant findest. Burggräben schützen nicht nur die Firmen, sondern auch dich als Investorin! Sie geben dir Sicherheit und helfen dir bei der Entscheidungsfindung in Krisenzeiten. Wenn ein Top-Unternehmen kein Geld mehr verdienen kann, dann ist das ein Ausstiegssignal.

Damit du einen Einblick davon bekommst, wieso die Burggräben für Unternehmen wichtig sind, gehe ich im Folgenden genauer auf sie ein.

Beachte!

Es reicht nicht aus, nur einen der Burggräben herauszufinden, sondern du solltest dir alle Schutzmaßnahmen des Unternehmens anschauen. Es kann natürlich sein, dass du nicht bei jedem Unternehmen alle sechs Burggräben findest, aber durchdenke sie in Ruhe.

1. Marke

Ist das Unternehmen, von dem du Anteile kaufen möchtest, eine bekannte Marke? Markenbildung hat mehrere Vorteile: Erstens, sie schafft hohes Vertrauen und der Käufer greift schneller zu einer bekannten Marke. Ganz ausgeprägt ist das zum Beispiel bei Starbucks oder McDonald's. Natürlich gibt es in anderen Restaurants bessere Burger, aber Menschen meiden Risiken und kaufen lieber dort, wo sie wissen, was sie bekommen. Außerdem können Marken höhere Preise verlangen, wodurch sie mehr Geld für Forschung, Entwicklung und Marketing zur Verfügung haben. So können sie wiederum ihre Produkte verbessern, sie besser verkaufen und bringen sich selbst in eine Positivspirale – ein guter Effekt fürs Unternehmen und uns als Aktionäre. Wenn Marken es geschafft haben, in einer Branche als Synonym für das Produkt zu stehen, sind sie Platzhirsche auf ihrem Markt (Beispiele hierfür sind Pampers, Tempo und »googeln«).

Eine ganz besondere Anziehungskraft haben Luxusmarken. Unzählige Frauen träumen von einer Chanel-Handtasche. Es ist objektiv betrachtet irrational, sich eine Handtasche für über 9 000 Euro zu kaufen: Sie hat nicht diesen Materialwert, sondern ist aus Leder hergestellt, nicht mit Diamanten besetzt. Die Tasche gibt der Besitzerin aber das Gefühl von Zugehörigkeit, Status und Reichtum. Das bewegt Frauen dazu, so viel Geld für eine Handtasche auszugeben statt nur 150 Euro für eine No-Name-Ledertasche. Der Kauf von Luxusprodukten impliziert jedoch das Besondere des Werterhalts oder sogar der Wertsteigerung. Zum Beispiel werden einige Rolex-Uhren und Chanel-Handtaschen auf dem Gebrauchtmarkt zu höheren Preisen gehandelt, als man sie aktuell im Laden kaufen könnte – was auch daran liegt, dass viele Produkte nicht mehr lieferbar sind, nicht neu gekauft werden können. Bei der Luxusmarke Hermès kannst du beispielsweise nicht sofort jede Tasche im Laden kaufen, sondern musst dich auf eine Warteliste setzen lassen, um informiert zu werden, wenn die Tasche verfügbar ist – das kann Monate bis Jahre dauern. Diese künstliche Verknappung erzeugt einen Sog und hält gleichzeitig die Preise und den Standard hoch. Markenbildung ist extrem wertvoll für Unternehmen, weil es ihnen Sicherheit gibt, weil es sie klar von anderen abgrenzt. Wer will nicht gerne das Original statt einer billigen Kopie haben? Eine Marke gibt der Käuferin die Sicherheit, dass das Produkt gut ist, sonst wäre das Unternehmen schließlich nicht so erfolgreich. Dieses Vertrauen der Kunden nutzt eine Marke für sich und erzielt somit stabilere oder sogar steigende Umsätze. No-Name-Produkte sind austauschbarer.

Übung

Wie bekannt ist die Marke deiner Unternehmen?

Blättere jetzt vor auf Seite 142 zur Übersicht »Alle Burggräben auf einen Blick« und trage dort in die Tabelle ein, ob deine Unternehmen den Burggraben »Marke« haben und was dir dazu einfällt. Was macht dein Unternehmen besonders wertvoll und wie unterscheidet es sich von anderen? Notiere auch, welche Produkte sie jeweils verkaufen, womit sie ihr Geld verdienen. Damit du alle Burggräben am Ende in einer Übersicht hast, habe ich dir dafür eine Tabelle erstellt. Nicht jede Firma hat alle Burggräben, finde die relevanten für deine Unternehmen, damit du verstehst, was dein Investment besonders macht und warum die Unternehmen in den letzten fünf Jahren so gute Rendite erzielt haben.

Lies dann hier weiter.

2. Firmengeheimnis

Viele Firmen haben ein innovatives Produkt entwickelt und schützen dieses Know-how vor Nachahmung. Es muss nicht unbedingt ein physisches Produkt sein, sondern kann auch ein Prozess sein, wie der Logistikprozess bei Amazon. Dank dieser optimierten Prozesse kann ein Paket schnell vom Lager zu dir nach Hause geschickt werden. Ein anderes Firmengeheimnis kann das Patent eines Pharmaunternehmens sein, in dem genau festgeschrieben steht, wie ein Medikament hergestellt wird. Es kann auch, wie bei Coca-Cola, eine allen anderen unbekannte Rezeptur sein. All das sind Firmengeheimnisse, die Unternehmen vor zu viel Konkurrenz schützen. Wenn du Anteile eines Unternehmens kaufen willst, musst du verstehen, welche Art Geheimnis das Unternehmen hat. Und du musst im Auge behalten, was die Konkurrenz macht. Keine Sorge, wenn du einmal das Firmengeheimnis kennst, fällt dir auf, wenn es kopiert wird oder eine neue Technologie den Markt revolutioniert.

Wenn das Firmengeheimnis gelüftet wird, hat das Unternehmen ein riesiges Problem. Bei Pharmaunternehmen werden Patente nach zehn Jahren automatisch öffentlich. Andere Firmen können diese Medikamente dann exakt nachmachen, wie im Pharmabereich zum Beispiel Ratiopharm oder Hexal. Diese zwei großen deutschen Firmen haben es sich auf die Fahnen geschrieben, Medikamente von veröffentlichten Patenten »nachzukochen«, um diese sogenannten Generika dann günstiger zu verkaufen. Sie sparen sich so viele Forschungs- und Entwicklungskosten, profitieren von den Erfindungen anderer Unternehmen. Das Problem für forschende Pharmafirmen ist es, dass sie ihre Medikamente nur zehn Jahre lang schützen und alleinig verkaufen dürfen, dann übernehmen Generika den Markt. Deswegen haben die Pharmafirmen immer einen immensen Druck bei der Entwicklung neuer Medikamente.

Es kann auch sein, dass ein Burggraben revolutioniert wird.

Stell dir vor, eine Burg mit Burggraben konnte nur zu Pferd oder Fuß gestürmt werden, aber dann entwickelt jemand den Helikopter. Jetzt kann der Burggraben so breit oder tief sein, wie er will: Die Burg ist vor einem Helikopter nicht sicher. Ähnlich verlief es beispielsweise bei der ehemaligen Weltmarke Nokia: Obwohl die Firma alle Burggräben erfüllte (allen voran war Nokia äußerst bekannt und hatte viele Firmengeheimnisse), war alles mit einem Mal nichtig, als die Erfindung des iPhones den Handymarkt revolutionierte. Denn jetzt hatte man einen kleinen Computer in der Handtasche statt »nur« eines Telefons. Nokia-Handys verloren praktisch schnell jegliche Relevanz.

Übung

Haben deine Unternehmen den Burggraben »Firmengeheimnis«?

Blättere wieder vor auf Seite 142 zur Übersicht »Alle Burggräben auf einen Blick« und trage in die Tabelle ein: Gibt es bei deinen Unternehmen Firmengeheimnisse? Wenn ja, weißt du, welche? Was ist deren Besonderheit?

Lies dann hier weiter.

3. Beitrag

Kennst du das? Du meldest dich im Fitnessstudio an und unterzeichnest einen Jahresvertrag. Bist danach motiviert, gehst die ersten drei Monate regelmäßig hin, was mit der Zeit immer weniger wird. Vertrag und monatlicher Beitrag bleiben aber gleich. Ähnlich ist es auch beim Handyvertrag. Du bist zwei Jahre lang an den Anbieter gebunden, unabhängig von deiner Menge an Anrufen oder Minuten im Internet. Wenn das Unternehmen den Kunden einmal gewonnen hat, spielt es keine Rolle mehr, ob dieser das

Produkt oder die Dienstleistung in Anspruch nimmt: Es kommt immer Cash-Flow beim Unternehmen an. Cash-Flow sind die Geldflüsse, also Einnahmen einer Firma. Deswegen versuchen Pharmafirmen, in erster Linie Medikamente und Behandlungen für chronische Krankheiten zu entwickeln: Das sichert einen permanenten Geldfluss für das Unternehmen. Medikamente, die schnelle und effektive Heilung bringen, sind für Pharmaunternehmen finanziell wenig attraktiv.

Welche Firmen haben dieses Preismodell? Das wären beispielsweise Energieversorger, Amazon Prime, Netflix, Versicherungen und Firmen mit Flatrates oder Abos. Prinzipiell musst du als Investorin verstehen, was dieses Cash-Flow-Modell bedeutet und dass diese Unternehmen ohne zusätzliches Marketingbudget und weitere Vertriebskosten Geld verdienen. Solange der Kunde den Vertrag nicht kündigt oder ein chronisch kranker Mensch nicht gesund wird, fließt das Geld weiter. Firmen, deren Produkte etabliert und beliebt sind, können ihre Beiträge auch anheben, die Kunden bleiben dennoch treu. So ist es oft bei Streamingdiensten, die die Menschen trotz steigender Preise nicht kündigen. Interessant ist zum Beispiel auch zu beobachten, wie Firmen wie Microsoft oder Adobe das Konzept ihrer Einnahmen über die Jahre verändert haben. Als Studentin habe ich bei MediaMarkt ein Office-Paket mit Word, Excel und PowerPoint für einmalige 69 Euro gekauft. Heute gibt es diese Produkte weiterhin, aber nur noch im Abo-Modell. Aktuell kostet es im Jahr 69 Euro! Mein Office-Paket auf CD-Rom hatte ich damals fünf Jahre lang, ohne noch etwas bezahlen zu müssen. Jetzt verdient Microsoft jedes Jahr Geld am selben Produkt. Das brachte Microsoft schlagartig ohne eine Mehrleistung mehr Umsatz.

Übung

Haben deine Unternehmen den Burggraben »Beitrag«?

Blättere vor zur Übersicht »Alle Burggräben auf einen Blick« und trage in die Tabelle ein: Wie verdienen deine Firmen ihr Geld? Gibt es ein Abo-Modell oder einen permanenten Beitrag?

Lies dann hier weiter.

4. Wechselbereitschaft

Menschen sind bequem und das können Unternehmen für sich nutzen. Apple ist hier ein gutes Beispiel, denn alles im Apple-Kosmos ist miteinander verbunden. Das führt dazu, dass Menschen, die einmal Produkte dieses Konzerns gekauft haben, nicht so einfach zu einem anderen Anbieter wechseln (können). Hast du ein iPhone, ein iPad oder ein MacBook? Alle deine Geräte sind über die iCloud miteinander verbunden und jedes neue Gerät lässt sich mit einem Klick einfach einrichten. Würdest du dir jetzt ein Handy einer anderen Marke kaufen? Wahrscheinlich nicht. Dieses Prinzip greift auch bei dem Kosmos anderer Marken. Du bist so an eine Marke und die Bedienung gewöhnt, dass ein Umstieg aufwendig, unbequem und nervig wäre.

Mir war das Ausmaß früher nicht so bewusst. Als mein Handyvertrag auslief, stand ich bei Vodafone, wo mir der Verkäufer unbedingt ein HUAWEI-Handy verkaufen wollte. Es war seiner Meinung nach nicht nur günstiger, sondern auch besser. Er schwärmte von der hervorragenden Kameraleistung und anderen Features, die das iPhone gar nicht habe. Mich hatte er damit an der Angel. Da ich seit Jahren ein iPhone hatte, rief ich erst einmal meinen Mann an, der die Hände über dem Kopf zusammenschlug, als er von meinem Plan hörte: »Ich richte dir das nicht ein!« Damit war der Wechsel für mich gegessen.

Auch bei anderen Produkten wechseln die Menschen nicht so gerne ihre vertraute Marke – sei es beim Auto oder beim Sommerurlaub. Wie viele Menschen kennst du, die seit vielen Jahren immer an denselben Ort fahren? Auch bei Haushaltsgeräten schwören viele, wenn sie einmal zufrieden sind, immer auf bestimmte Marken und wollen auch ihre neuen Geräte bei dieser Firma kaufen.

Auch kann ein Unternehmen, wie es bei Autos oder auch bei Aufzügen zum Beispiel der Fall ist, die Wartung mit an den Verkauf koppeln. Das sichert einen weiteren Cash-Flow, weil nun jahrelang alles über die eigene Werkstatt oder die eigenen Handwerker läuft. Das fiel mir letztens in Düsseldorf in einem 20-stöckigen Hotel erst wieder auf. Seit mehr als einem Jahr hatte das Hotel Probleme mit den Aufzügen, der Fehler konnte aber wohl nicht gefunden werden und es wäre zu teuer und aufwendig, neue Aufzüge einzubauen. Das Hotel nahm also die unzufriedenen Gäste in Kauf, die lange auf den einen noch funktionierenden Aufzug warten mussten.

Als Investorin sind Unternehmen für dich natürlich besonders interessant, die ihren Kunden den Umstieg zur Konkurrenz erschweren. Das können Kleinigkeiten sein, wie die Tatsache, dass man bei Amazon Prime bestellt, weil es bequem und einfach ist und weil man sich die Portokosten spart. Oder wirklich Großes, wie eben der eingebaute Aufzug oder die firmeneigene Autowerkstatt, zu der man nun mit seinem Auto immer muss.

Übung

Haben deine Unternehmen den Burggraben »Wechselbereitschaft«?

Blättere vor zur Burggrabenübersicht und trage in die Tabelle ein: Wie ist die Wechselbereitschaft der Kunden deiner Unternehmen zu Konkurrenzprodukten? Ist ein Wechsel leicht und problemlos oder schwer und anstrengend?

Lies dann hier weiter.

5. Preis

»Hauptsache billig.« – Ist dir schon einmal aufgefallen, dass Verkäufer oft darüber sprechen, wie man Waren immer günstiger anbieten kann? Man könnte fast meinen, dass es der heilige Gral sei, Produkte möglichst billig zu verkaufen, um gute Geschäfte zu machen. Als ob das Geschäft dann wie von selbst laufen würde und es immer genügend Käufer gäbe. Stimmt das denn wirklich? Schauen wir uns das mal an: Wie verteilen sich die Preise wirklich? Geht es immer nur darum, das günstigste Produkt zu verkaufen? Das lässt sich recht gut mit der Gaußschen Normalverteilung, auch bekannt als »Glockenkurve«, erklären, die sich komplizierter anhört, als sie ist!

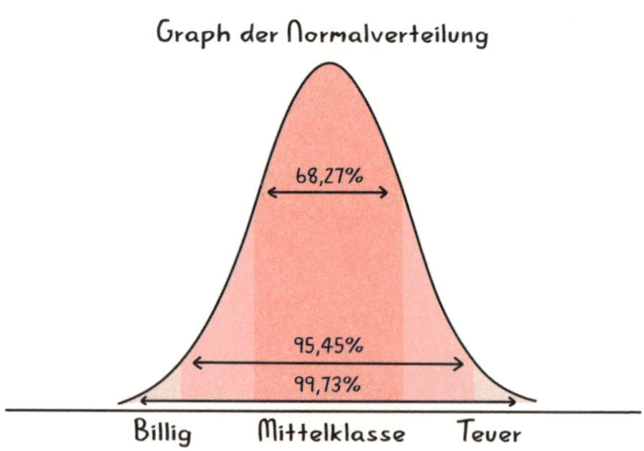

Stell dir vor, du hast eine große Gruppe von Menschen und ordnest diese nach Körpergröße nebeneinander an. Die meisten Menschen in der Gruppe werden eine durchschnittliche Größe zwischen 160 und 180 Zentimeter haben: Sie bilden die breite Mitte. Nur wenige werden sehr groß (> 195 cm) oder werden sehr klein (< 150 cm) sein. Das heißt, in der Mitte ist immer viel los, während es an den Rändern dünn wird. Diese Normalverteilung gibt es in sehr vielen Lebensbereichen.

Schauen wir uns diese Kurve in Bezug auf Preise statt Körpergröße anhand von Modemarken an: Ungefähr 80 Prozent der Preise aller Produkte bewegen sich immer im mittleren Bereich. In der Abbildung ist dieser Bereich dunkelrosa dargestellt. Links und rechts davon befinden sich je ca. 10 Prozent, in denen es entweder sehr günstig oder sehr hochpreisig zugeht. Dabei stünden Marken wie Primark, KiK und Takko ganz links, H&M, Mango und Zara in der Mitte und Dior, Hermès und Gucci ganz rechts. Welche Vor- und Nachteile haben die Unternehmen in ihrem jeweiligen Preissegment? Damit beschäftigen wir uns im Nachfolgenden.

Low-Budget-Bereich

Fangen wir ganz links an. In München gibt es aktuell nur einen Primark, im Einkaufszentrum PEP Neuperlach. Die Menschen reisen aus ganz München an, um dort maßlos zu shoppen. Man sieht sie im Einkaufszentrum mit riesigen Einkaufstüten herumlaufen. Da Primark so günstig ist, kaufen Menschen dort viel mehr, als sie brauchen. Sie kaufen vieles nur, weil es so günstig ist – ein großer Vorteil für das Unternehmen. Menschen verfallen dort aufgrund der niedrigen Preise in einen Kaufrausch.

Es gibt jedoch einen klaren Nachteil für Firmen mit sehr günstiger Ware: Sie verdienen pro Artikel deutlich weniger als Unternehmen wie Dior und Gucci, die Gewinnmarge (was bleibt nach den Kosten übrig?) ist also extrem niedrig. Hier zählt nur Masse, das Unternehmen muss dementsprechend gut wirtschaften können und die Produkte in riesigen Mengen verkaufen. So kaufen Primark, Aldi und Co. äußerst günstig in riesigen Mengen beim Produzenten ein, verkaufen die Ware dann nur minimal teurer. Die Firma muss aufgrund der niedrigen Margen genau haushalten, sonst könnte sie schnell in Schieflage geraten. Noch ein Nachteil: Es bleibt nicht viel Geld für Marketing und die Mitarbeiter. Aufgrund dieses Businessmodells sehen sich diese Unternehmer mit einer Vielzahl von Herausforderungen konfrontiert. Wenn sie ihren Job exzellent machen und ihnen viele Faktoren in die Karten spielen, dann können sie dank ihrer immensen Zielgruppe zu den erfolgreichsten Unternehmen gehören. Denn alle können in diesem Preissegment einkaufen – ob arm oder reich. Aus diesem Grund gehören die Familien der Aldi-Dynastie aktuell zu den reichsten Menschen Deutschlands. An der Börse findet man einige Unternehmen, die ganz links auf der Preisskala zu finden sind wie Walmart, Amazon und Hyundai. Sie haben es trotz niedriger Margen geschafft, sich zu etablieren und durch die Decke zu gehen.

Mittelklasse-Segment

Im mittleren Preissegment gibt es unglaublich viele Firmen. Im Einkaufszentrum sind die meisten Läden in diesem Bereich angeordnet: H&M, Zara, Only, s.Oliver, Esprit und viele weitere. Hier sind die Marken schwer voneinander zu unterscheiden und auch die Preise sind mehr oder weniger vergleichbar. Ein Nachteil für die Unternehmen in diesem Bereich: Die Konkurrenz ist besonders groß. Wir erinnern uns: Gemäß der gaußschen Normalverteilung tummeln sich die meisten in der Mitte. Im Jahr 2020 meldete die Modemarke Esprit Insolvenz an. Preislich lag sie immer über anderen Marken wie H&M, Zara und Co. Während der Corona-Krise verlor Esprit dann jedoch den Machtkampf gegen die Konkurrenz. Für die Mittelklasse hatte dieses Branding und die Produkte nicht mehr gereicht.

Damit man in diesem Preissegment als Unternehmen erfolgreich wird und bleibt, muss man es schaffen, ein »Sog-Marketing« aufzubauen, die Firma muss ihre Kunden regelrecht anziehen, dafür ein gutes Marketing etablieren. H&M und Zara haben dies perfektioniert. In fast jedem Einkaufszentrum sind sie deutschlandweit vertreten und die Kunden kommen immer wieder. Allein in München gibt es elf H&M- und fünf Zara-Läden. Ein weiterer Nachteil dieser Läden: Sie bieten dem Käufer wenig Individualität, was aber in manchen Segmenten gewollt sein kann. So tragen bei uns im Kindergarten alle Mädchen die gleichen H&M-Sommerkleider.

Der Preis ist ein wichtiger Burggraben und spielt mit den anderen Burggräben zusammen. Dabei musst du verstehen, wie ein Unternehmen sein Geld verdient und welche Vor- und Nachteile allein durch die Preisgestaltung entstehen.

Luxusklasse

Es gibt natürlich noch den kleinen Preisbereich ganz rechts, die Luxusmarken mit hochpreisigen und exklusiven Produkten. Der Vorteil für die Unternehmen: Die Margen sind groß, aber die Konkurrenz klein – und die Zielgruppe noch kleiner. Wenn jemand 2000 Euro im Monat verdient, leistet er sich in der Regel keine Handtasche für eben diesen Betrag. Dafür muss das Sog-Marketing schon wirklich sehr gut funktionieren, dass Frauen monatelang auf eine Handtasche sparen. Menschen kaufen diese Produkte, weil sie damit ihren Status erhöhen oder betonen möchten. Noch ein Vorteil: Die Produkte sind individuell und heben sich von der breiten Masse ab. Luxusmarken setzen häufig Trends, die dann etwas zeitversetzt von der Mittelklasse kopiert werden. Wenn du ein absoluter Trendsetter sein willst, musst du das Original der Luxusmarke kaufen.

Nachteil dessen: Es gibt nicht in jeder Stadt einen Chanel- oder Dior-Laden. Das heißt, der Kauf dieser Produkte ist gar nicht überall möglich, weil Unternehmen Läden nur dort eröffnen, wo sich ihre Zielgruppe aufhält. In München finden wir viele Luxusläden, aber in Wuppertal dagegen kaum. In München leben viele vermögende Menschen, zudem zieht die Stadt viele Millionäre aus der ganzen Welt an. Ein Vorteil dieses Bereiches: Das Unternehmen muss nicht in Massen verkaufen, weil schon wenige Verkäufe viel Umsatz mit hoher »Marge« bringen.

Jedes Preissegment funktioniert und hat seine Daseinsberechtigung – du musst für dich als Investorin nur wissen, in welchem Segment dein Unternehmen unterwegs ist. Innerhalb jedes Bereiches gibt es erfolgreiche und weniger erfolgreiche Unternehmen. Die Preisgestaltung als Burggraben ist entscheidend für den Erfolg. Es geht dabei nicht darum, ob die Produkte teuer oder billig sind, sondern wie sich das Gesamtkonzept des Unternehmens auf dem Markt etabliert hat.

Übung

In welchem Preissegment sind die Produkte deiner Unternehmen?

Blättere vor zur Übersicht aller Burggräben und trage in die Tabelle ein: Wie ist der Preis der Produkte? Low Budget, Mittelklasse oder Luxus? Was fällt dir noch dazu ein?

Lies dann hier weiter.

6. CEO

Wer leitet dein Unternehmen? Was treibt diese Person an? Macht sie den Job aus voller Überzeugung oder nur des Geldes wegen? In Deutschland regen sich viele Menschen darüber auf, dass DAX-Vorstände viele Millionen verdienen, dabei verdienen die amerikanischen CEOs in der Regel noch deutlich mehr. Das spielt aber tatsächlich keine Rolle. Wenn ein Unternehmen Milliarden Euro oder Dollar an Gewinn macht, kann der CEO daran natürlich mit Millionen partizipieren. Viel wichtiger sind die Fragen: Wie verhält er sich in Krisenzeiten? Was ist, wenn das Unternehmen Verluste macht? Bekommt der CEO dann weiterhin den großen Bonus? Wenn das der Fall ist, musst du als gute Investorin aufmerksam werden. Kein guter Unternehmer würde sich die Taschen vollmachen, wenn es Unternehmen und Angestellten schlecht geht.

Auch ist es selten ein gutes Zeichen, wenn ein Unternehmen jedes Jahr einen neuen CEO einberuft: Beständigkeit spricht für Vertrauen in das Unternehmen und gute Führung. Sollte es große Herausforderungen geben, denen der CEO nicht gewachsen ist oder vor denen der CEO flüchtet, solltest du aufhorchen. Hinter erfolgreichen Firmen stehen oft ganz besondere Gründer und Visionäre, die viele Jahre alles für ihr Unternehmen gegeben haben, so wie Elon Musk, Jeff Bezos oder Steve Jobs einzigartige Produkte und Visionen geschaffen haben, die zu unverwechselbaren Imperien heranwuchsen. Diese Menschen sind unglaublich inspirierend. Als Aktionärin tauchst du in ihre Welt ein. Nutze die Chance und beschäftige dich mit den Gründern bzw. CEOs deiner Unternehmen, lese ihre Biografien, Artikel über sie und google sie.

Übung

Wie viel verdienen die CEOs deiner Unternehmen?

Google die Gehälter der CEOs und welche Motivation und Vision die Menschen auf dieser wichtigen Schlüsselposition haben.

Alle Burggräben auf einen Blick

Trage in die Tabelle deine gesammelten Informationen zu den einzelnen Burggräben ein:

Name des Unternehmens			
Was verkauft dein Unternehmen?			
Marke/ Branding			
Firmengeheimnisse			
Beitrag/Abo			
Wechselbereitschaft			
Preis			
CEO			

Achtung

Viele Menschen warten immer auf einen heißen Tipp und kaufen Aktien, die sie nicht verstehen, oft auf Zuruf oder Empfehlungen aus der Presse. Diesen Fehler und diese Abhängigkeit von anderen will ich dir ersparen. Du kannst selbst herausfinden, welche Unternehmen für dich geeignet sind und wie sie finanziell dastehen.

Zusammenfassung

An dieser Stelle sollst du verstehen, was Unternehmen machen, wie sie Geld verdienen und ob sie in Zukunft immer mehr Geld verdienen. Werden die Unternehmen immer größer und stärker? Denk dran: Wir setzen auf Wachstum!

- Du hast schon einige Top-Unternehmen ausgewählt und potenzielle Top-Performer gefunden und siehst, was an der Börse möglich ist.
- Lass uns jetzt genauer untersuchen, was diese Unternehmen zu einem wertvollen Investment machen könnte.
- Burggräben sind Schutzmaßnahmen, die Unternehmen vor Umsatzeinbrüchen bewahren und vor der Konkurrenz abgrenzen. Je größer die Burggräben eines Unternehmens sind, desto besser ist es geschützt.
- Wir schauen uns die folgenden Burggräben genauer an:
  - **Marke:** Bekannte Marken schaffen Vertrauen, ermöglichen höhere Preise und ziehen Kunden an. Luxusmarken haben eine besondere Anziehungskraft und schaffen einzigartige Kundenerlebnisse.

- **Firmengeheimnis:** Unternehmen schützen ihr Know-how, sei es in Form von Patenten, Rezepturen oder optimierten Prozessen. Sie sichern ihre Wettbewerbsvorteile.
- **Beitrag:** Ein Cash-Flow-Modell ermöglicht stetige Einnahmen für das Unternehmen, unabhängig davon, ob der Kunde das Produkt regelmäßig nutzt.
- **Wechselbereitschaft:** Kunden sind oft bequem und bleiben gern bei vertrauten Marken und Produkten, was die Kundenbindung stärkt.
- **Preis:** Unternehmen in verschiedenen Preissegmenten haben unterschiedliche Vor- und Nachteile. Die Preisgestaltung, gekoppelt an andere Burggräben, beeinflusst den Erfolg eines Unternehmens.
- **CEO:** Es ist entscheidend, von wem ein Unternehmen geführt wird, welche Visionen diese Person hat und wie sie sich in Krisenzeiten verhält.

- Als intelligente Investorin musst du verstehen, welche Burggräben deine Unternehmen haben und zum Erfolg führen.
- Die aktuelle Wirtschaftslage und andere Herausforderungen betreffen nicht jedes Unternehmen gleich. Du musst individuell prüfen, wie sich die Unternehmen schützen.
- Nutze deine Erkenntnisse über die Burggräben, um kluge Entscheidungen zu treffen und mögliche Probleme frühzeitig zu erkennen.

8. KAPITEL

Untersuchung auf Herz und Nieren

Lebensphasen und fundamentale Analyse

Im 6. Kapitel haben wir uns Unternehmen anhand des Aktiencharts ausgesucht. Alle Unternehmen, die in den letzten fünf Jahren ca. 100 bis 150 Prozent und mehr gestiegen sind, haben wir in unsere engere Auswahl genommen. Im 7. Kapitel haben wir dann Geschäftsmodell und Burggräben unserer Unternehmen genauer betrachtet. Wir wissen jetzt, was sie besonders gut machen, was sie von der Konkurrenz abhebt und was sie verkaufen. Hättest du gedacht, dass du so schnell so viel über Aktienunternehmen herausfinden kannst? Und hättest du gedacht, dass du so einfach ein gutes Gefühl für die Auswahl erfolgreicher Unternehmen entwickelst? Du kannst wirklich stolz auf dich sein. Ich bin es auf jeden Fall.

Wir sind mit der Analyse aber noch nicht fertig, denn es gibt noch weitere klare Zahlen, Daten und Fakten, die du im Internet findest. Im Folgenden lernst du, wie du die wichtigsten Zahlen lesen und interpretieren kannst. Wir wollen natürlich wissen, wie viel Geld unsere Unternehmen verdienen und wie viel Geld nach allen Kosten übrigbleibt.

Kommen wir zurück zu unserem Beispiel der Olympischen Spiele. Im ersten Schritt haben wir unsere Sportler von außen betrachtet und eine erste Diagnose gestellt. Jetzt müssen wir sie noch auf Herz und Niere testen: Blutwerte und Belastungs-EKG müssen hervorragend sein. So ist es auch bei unseren Aktien. Bisher haben wir nur gesehen, dass die letzten fünf Jahre gut liefen, wissen aber anhand des Aktiencharts noch nicht, ob es Probleme innerhalb der Firma gibt und vor welchen Herausforderungen das Unternehmen steht. In diesem Kapitel gehen wir daher auf die sogenannte fundamentale Analyse eines Unternehmens ein.

Fundamental bedeutet wortwörtlich »Grundlage«, in Bezug auf finanzielle Zusammenhänge sind das die Informationen wie Umsatz, Gewinn, Schulden, Cashflow, Wachstumsaussichten, Marktstellung, Geschäftsmodell und andere Kennzahlen. Diese grundlegenden Faktoren können einer Investorin dabei helfen, zu beurteilen, ob sich eine Investition lohnen könnte.

In diesem Buch gehe ich bewusst nicht auf alle Fundamentaldaten ein, weil es ohne ein Kalkulationssystem dann schnell unübersichtlich und kompliziert wird. Ich möchte dich ja fürs Investieren begeistern, nicht mit Zahlen und zu vielen Details erschlagen. Ich habe genauso angefangen, wie ich es dir hier zeige, und habe dabei tolle Aktien gefunden und konnte so von ihrer grandiosen Rendite profitieren. In die weiteren Details kannst du dich dann einfuchsen, wenn wir hier die Grundlagen erarbeitet haben. Zudem gehe ich in meiner Aktien-Investoren-Ausbildung mit meinen Teilnehmerinnen detaillierter auf alle Fundamentaldaten ein und gebe ihnen ein Kalkulationstool an die Hand, mit dem sie leicht die Daten berechnen lassen können. Ich helfe ihnen dann aber auch bei der Interpretation der vielen Daten und beantworte entstandene Fragen. Das ist hier logischerweise unmöglich. Wir betrachten daher nur die wichtigsten Kennzahlen, um zu verstehen, auf welchem Fundament deine Unternehmen stehen: auf zerbrechlichen, dünnen Beinen, die wackelig sind, oder auf stabilen, kräftigen Beinen, die uns sicher ins Ziel bringen, folglich zu einer hohen jährlichen Rendite?

Bei fundamentalen Daten ist es wie bei Menschen. Die Blutwerte eines Kindes sind anders zu bewerten als die eines jungen Erwachsenen oder einer älteren Dame. Daher müssen wir wissen, in welcher »Lebensphase« unsere Unternehmen stecken. Ist es ein Start-up, also ein Kleinkind? Wir aber bewerten die Daten fälschlicherweise wie bei einem Erwachsenen, also einem Unternehmen, das sich schon viele Jahre lang etabliert hat? In einem solchen Fall ist unsere Bewertung zu streng und wir verpassen so möglicherweise ein spannendes Investment. Ehe wir nun also auf die genauen Fundamentaldaten eingehen, musst du erst einmal verstehen, in welchem Lebensabschnitt sich dein Unternehmen befindet.

Die Lebensphasen eines Unternehmens

So wie Menschen verschiedene Lebensabschnitte durchlaufen, tun dies auch Unternehmen in verschiedenen Phasen. In welcher Phase befindet sich dein gewähltes Unternehmen? In der Kleinkind-, Teenager-, Erwachsenen- oder Rentner-Lebensphase, also in der **Gründungs-, Wachstums-, Reife-, Schrumpfungs- oder Endphase**? Denn in jeder Lebensphase (deren jeweilige Länge kann übrigens von Unternehmen zu Unternehmen variieren!) musst du die dazugehörigen fundamentalen Daten anders interpretieren. Mache dir aber bitte keine Sorgen, denn das ist alles logisch und du verstehst es auch ohne abgeschlossenes BWL-Studium ;).

Wie erfolgreich und vermögend ein Unternehmen wird, kann man nicht wirklich vorhersehen, aber man erkennt Tendenzen, die du als Investorin richtig interpretieren musst. Hierfür habe ich dir die folgende Abbildung mitgebracht:

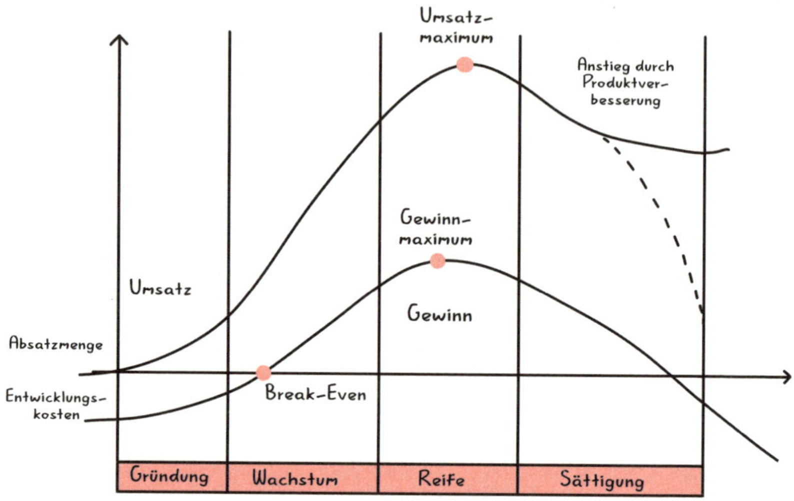

1. Phase: Kleinkindphase bzw. Gründung

Das Kind läuft schon, aber du musst ständig hinterher sein, weil es immer wieder hinfällt und ohne dich einfach auf die Straße laufen könnte. Es erkennt Gefahren noch nicht von allein, es kann seine Schuhe noch nicht selbst binden. Du hast also immer etwas zu tun. Bei einem frisch gegründeten Unternehmen verhält es sich ähnlich: Es macht schon Umsätze, aber hat noch viele zu bearbeitende Baustellen, weil noch nicht alle Produkte, Vorgänge und Prozesse etabliert sind. Wachstum kostet viel Energie, also Geld. Das Risiko einer Pleite ist größer als bei etablierten Firmen. Auf der anderen Seite sind das Wachstums- und Entwicklungspotenzial in dieser Anfangsphase immens groß und Umsätze können durch die Decke gehen. In den 1990er-Jahren waren beispielsweise Google, Microsoft und Apple solche Start-ups.

2. Phase: Teenagerzeit und junges Erwachsenenalter bzw. Wachstum

Die Dauer dieser Phase ist sowohl beim Menschen als auch bei Unternehmen individuell. Es gibt Menschen, die seit ihrem Teenageralter Geld verdienen und ihr Nettovermögen immer weiter ausbauen, sie entwickeln sich bis zur Rente oder sogar darüber hinaus immer weiter. Es gibt aber ebenso Menschen, die nie PS auf die Straße kriegen und sich nie ein Vermögen aufbauen.

Wenn ein Unternehmen gegründet wird, übersteigen die Entwicklungs- und Wachstumskosten in der Regel die Einnahmen. Wenn die Umsätze aber weiter steigen, kommt das Unternehmen von der Verschuldungs- in die Gewinnphase. Dieser wichtige Meilenstein wird *Break-Even-Point* genannt, hier werden erstmals Gewinne generiert. Diese Phase ist für uns als Investorinnen äußerst spannend, denn das Unternehmen hat gezeigt, dass es seine Prozesse, Abläufe und Zahlen im Griff hat. Als Investorin musst du verstehen, in welcher Phase das Unternehmen, in das du investieren willst, gerade steckt. Ich liebe Wachstumsunternehmen, das heißt Unternehmen, die bereits Gewinne realisieren, aber gleichzeitig weiterhin wachsen, denn hier haben wir noch viel Potenzial für Kursanstiege und gleichzeitig Sicherheit.

Ist ein Unternehmen älter als 100 Jahre, müssen mindestens drei Generationen einen guten Job gemacht haben. Auch die Produkte haben sich in diesen 100 Jahren verändert, Trends haben sich geändert und Technologien haben sich weiterentwickelt. Die CEOs mussten in all diesen Jahren richtig reagieren und das Unternehmensschiff weiterhin auf Erfolgskurs halten. Deswegen gibt es wenige, wirklich gute alte Unternehmen. Wie lange die Wachstumsphase andauert, ist unvorhersehbar und vom Unternehmen abhängig. Einige Aktienunternehmen verdienen Millionen, andere sogar das Tausendfache, also Milliarden. Ein Aktienkurs kann sich folglich verhundertfachen und mehr. Im Fachjargon nennt man das den »Hundert-Bagger«, wie Amazon,

Apple, Google, Microsoft, Netflix, Facebook, Tesla, Zoom, Salesforce, Adobe, PayPal, Mastercard, Visa, Nvidia und Starbucks.

Viele Menschen können sich nicht vorstellen, dass so erfolgreiche Firmen noch weiterwachsen können, also noch erfolgreicher werden. Sie denken, dass der Zenit erreicht sei und dass sie für lohnende Investitionen zu spät dran seien. Das ist ein falscher Glaubenssatz. Es gibt auch Unternehmen, die sich verzweihundertfacht haben, wie Amazon, Nvidia und Booking Holdings (booking.com). Wenn das Unternehmen gute Arbeit macht, kann das Wachstum immens lange fortgesetzt werden, wie man bei der Luxusmarke Hermès sieht: Das Unternehmen wurde vor fast 200 Jahren gegründet und wächst weiterhin.

3. Phase: Erwachsenenalter bis Rente bzw. Reife

In dieser Phase hat ein Erwachsener alles erreicht, was er erreichen wollte. Das liegt entweder daran, dass er wirklich erfolgreich wurde oder sich mit weniger zufrieden gab – eine völlig wertfreie Feststellung. Zwischen Gründung und Ende kann natürlich auch ein kurzer Zeitraum ohne Wachstum liegen. Das ist der Fall, wenn ein Unternehmen seine Produkte nicht auf dem Markt positionieren kann oder wenn die Gründer aufgeben oder keine finanziellen Mittel mehr haben. Wir gehen hier jedoch von erfolgreichen Unternehmen aus, die alle Phasen durchleben.

Ist eine Firma in der Reifephase, solltest du gut aufpassen, weil es sein kann, dass der Umsatz und/oder der Gewinn – und folglich auch der Aktienkurs – allmählich oder rapide einbrechen. Wirecard zum Beispiel kam schon ca. 5 Jahre nach seinem Börsengang in die Reifephase, war damit ganz schnell am Zenit angekommen und ist mittlerweile bankrott.

Wie erkennt man die Reifephase eines Unternehmens? Der Umsatz steigt nicht mehr jährlich an, sondern pendelt sich auf eine bestimmte Höhe ein. Außerdem kommen nicht mehr so viele Innovationen und Neuentwicklungen aus dieser Firma. Momentan befinden sich viele deutsche Firmen in dieser Phase. Zudem musst du verstehen, dass sich Phasen auch überlappen können, es keine ganz genaue Abgrenzung gibt. Ist dein Unternehmen zwischen der Wachstums- und Reifephase, kann das immer noch ein spannendes Unternehmen sein, wie Visa, dessen Umsätze von Jahr zu Jahr steigen, das aber gleichzeitig Dividenden an die Aktionäre auszahlt.

Was sind Dividenden?

Eine Dividende ist eine Ausschüttung von Gewinnen, die von einem Unternehmen an seine Aktionäre ausbezahlt wird. Die Dividende pro Aktie wird zum Beispiel als Betrag pro Aktie (z. B. 0,50 Euro pro Aktie) oder als Prozentsatz des Aktienkurses (z. B. 2 Prozent Dividendenrendite) angegeben. Die Dividende pro Aktie hängt von den finanziellen Ergebnissen des Unternehmens und den Entscheidungen des Managements ab.

Ein typisches Wachstumsunternehmen macht Gewinne, die es gleich wieder in die eigene Firma für schnelleren Wachstum investiert, wie in Forschung, Entwicklung, neue Geräte. Amazon ist hier ein gutes Beispiel: Viele Aktionäre regen sich darüber auf, dass Amazon keine Dividende zahlt, aber das Unternehmen reinvestiert seine Gewinne schlicht in sich selbst für weiteren Wachstum. Für dich als Investorin hat das einen großen Vorteil: Das Unternehmen tätigt (sinnvolle) Investitionen. Im Gegensatz zu einem Unternehmen, das Gewinne erwirtschaftet und einen Teil dessen an seine Aktionäre auszahlt, nicht mehr weiß, wie es sein Geld noch sinnvoll in das eigene Unternehmen reinvestieren soll.

Außerdem haben Dividenden einen steuerlichen Nachteil: Die Gewinne müssen zuerst vom Unternehmen versteuert werden und du musst deine Dividende auch noch einmal versteuern. Somit wird das Geld doppelt versteuert. Wäre es im Unternehmen geblieben, könnten sie damit Wachstum generieren, nicht nur des Unternehmens, sondern auch deiner Aktien. Das soll nicht heißen, dass das Auszahlen von Dividende per se etwas Schlechtes sei, denn es gibt auch äußerst gute Unternehmen, die Dividenden ausschütten. Schließlich kann dies nur derjenige tun, der auch Gewinne erwirtschaftet. Für viele deutsche Aktionäre ist diese Ausschüttung das wichtigste Kriterium ihrer Aktienauswahl. Meiner Meinung nach ist das zu kurz gedacht, weil wir so hauptsächlich auf Unternehmen stoßen, die schon in der Reife- bzw. sogar in der Schrumpfungsphase sind. Dadurch entgeht uns viel Wachstum im Depot, weil wir stattdessen Unternehmen auswählen könnten, die ein höheres Potenzial für Kursanstiege haben.

4. Phase: Rente bzw. Schrumpfung, also Verluste

Ein Mensch in dieser Phase hat nicht mehr die gleiche Mobilität, Agilität und Energie wie in jüngeren Jahren: Die Knochen tun weh, man kann nicht mehr so schnell laufen, geschweige denn klettern oder springen, wie noch vor 10 Jahren. Der Körper baut langsam ab und man braucht eventuell bei manchem Alltäglichen Hilfe. Wer bis jetzt kein Vermögen und/oder passives Einkommen aufgebaut hat oder eine gute (private) Rente bekommt, lebt nur noch von seinem Ersparten.

Ein Unternehmen in dieser Phase ist für dich als Investorin absolut uninteressant und eventuell sogar gefährlich. Denn hier gehen die Umsätze zurück oder das Unternehmen erwirtschaftet oft keine Gewinne mehr, macht vielleicht Verluste. Es kann sein, dass es bald nicht mehr existiert, weil es pleitegeht. Diese Schrumpfungsfirmen sind oft von finanzieller Unterstützung ihrer Investoren abhängig – wie ältere Menschen, die nur noch mithilfe eines Rollators laufen können bzw. Pflegepersonal benötigen. Lass lieber die Finger von solchen Unternehmen und investiere stattdessen in starke, selbstständige Unternehmen in ihrer Blüte.

Kurze Zusammenfassung

Du musst verstehen, in welcher (Lebens-)Phase dein Unternehmen steckt. Es ist normal, als Start-up Unterstützung zu brauchen und zu erhalten. Hier steckt das größte Entwicklungspotenzial, aber gleichzeitig auch ein erhöhtes Risiko, da meistens nicht genug Geld im Unternehmen ist. Wachstumsunternehmen, die ihre Umsätze und Gewinne von Jahr zu Jahr steigern, haben zwei Vorteile für ihre Aktionäre: Zum einen haben sie ein großes Potenzial, zum anderen bieten sie Sicherheit aufgrund ihrer Liquidität, des vielen Geldes, das im Unternehmen steckt. Ein Unternehmen, das schon lange etabliert ist und auf einmal viel Hilfe braucht, könnte sich in der Sättigungs- oder sogar Schrumpfungsphase befinden. Du musst das erkennen lernen, um abzuschätzen, ob sich ein Investment für dich lohnt.

Umsatz und Gewinn

Gehen wir jetzt weiter zu den wichtigsten fundamentalen Daten, die du bei der Unternehmensbewertung brauchst: **Umsatz und Gewinn.** Hier brauchst du wirklich keine Angst vor Zahlen zu haben, denn sie tun nicht weh, sondern bringen dir neben Klarheit und Sicherheit das Wichtigste: Katsching ins Portfolio!

Umsätze

Die Zahlen rund um Umsatz sind simpel und wichtig! Was aber ist Umsatz genau? **Das ist die Summe aller verkauften Leistungen und Waren, also die Summe des Geldes, das durch den Verkauf von Produkten und Dienstleistungen eingenommen wird.** Warum ist der Umsatz so unglaublich wichtig? Er ist quasi das Lebenselixier eines jeden Unternehmens. Mit dem Geld, das reinkommt, kann ein Unternehmen neue Produkte kaufen oder herstellen, Gehälter zahlen, Miete zahlen, Möbel kaufen, Werbung machen und vieles mehr.

Je höher der Umsatz einer Firma, desto stärker die folgende Positivspirale: Mehr Umsatz führt zu → mehr Geld für bessere Entwicklung und Forschung → für bessere Geschäftsprozesse und damit noch bessere Produkte und Leistungen → für mehr gutes Personal → und für mehr Geld für Werbung. Die Werbung wiederum führt dazu, dass Unternehmen mehr Umsatz generieren: Die Firma wächst. Macht ein Unternehmen jedoch nicht ausreichend Umsatz, können Kosten nicht gedeckt werden und oft wird dann erst recht nicht mehr in Werbung investiert. Was wiederum eine Negativspirale bewirkt, sodass noch weniger Umsatz erwirtschaftet wird. Deswegen ist es wirklich wichtig, dass der Umsatz wächst und eine größere Marktdurchdringung erlangt wird. Im Unternehmertum sagt man oft: Entweder das Unternehmen wächst oder es stirbt. Wachstum ist ganz natürlich, folglich sollten wir immer darauf achten, dass die Firmen, in die wir investieren, ordentlich wachsen, weil sie andernfalls womöglich schrumpfen, von der Konkurrenz überrollt werden und pleitegehen oder nur vor sich hinvegetieren.

Wenn Apple sich auf seinem Erfolg ausruhen und ab sofort keine neuen Entwicklungen und Produkte mehr anstreben würde, dann stünde der Konzern in kurzer Zeit vor großen Problemen. Für uns als Investorin ist der Umsatz ein wichtiges Kriterium, um das Potenzial eines Unternehmens zu beurteilen. Ein starkes Umsatzwachstum deutet oft darauf hin, dass die Firma ihr Geschäft erfolgreich führt. An sich ist das logisch und nachvollziehbar, aber die wenigsten Investorinnen achten auf das Umsatzwachstum und sind sich dessen Macht nur unzureichend bewusst. Ich hoffe jedoch, dir ist die Relevanz hier klar geworden.

So bleibt's im Kopf

Du hast einen kleinen Laden, in dem du Handtaschen verkaufst, von denen jede 100 Euro kostet. Im Dezember verkaufst du 300 Handtaschen, erzielst einen Umsatz von 30 000 Euro, also 300 × 100 Euro im Dezember. Im Januar sind deine Kunden jedoch nicht mehr in Shopping-Laune und du verkaufst nur 150 Handtaschen für je 100 Euro, machst nur 150 × 100 Euro, also 15 000 Euro Umsatz. Der Umsatz ist damit um die Hälfte, also um 50 Prozent gefallen. Wir haben uns jetzt nur zwei Monate angeschaut, abgerechnet wird aber am Ende des Jahres. Ob der Umsatz gewachsen, gleichgeblieben oder sogar geschrumpft ist, sehen wir erst, wenn wir die zwölf Monate in Summe sehen. Für dich als Investorin sind die Jahresumsätze entscheidend.

Wie gehst du mit den Umsatzzahlen der Unternehmen um? Du siehst an diesem Beispiel, dass eine einzige Umsatzzahl nicht aussagekräftig ist. Deswegen sehen wir Investorinnen uns immer die mehrerer Jahre an: Fünf bis zehn Jahre haben sich hier bewährt. Steigt der Umsatz von Jahr zu Jahr? Dann kaufen immer mehr Menschen die Produkte dieser Firma. Bricht der Umsatz aber seit Jahren ein oder sinkt stetig, dann können verschiedene Faktoren eine Rolle spielen: Es könnte ein besseres, neueres Produkt auf dem Markt geben, das Marketing nicht funktionieren oder das Produkt nicht mehr so gefragt sein wie früher. Aber auch äußere Umstände können zu einem Umsatzeinbruch führen, für die das Unternehmen womöglich gar nichts kann, wie beispielsweise eine Pandemie. Steigender Umsatz, also Umsatzwachstum, ist für uns Investorinnen ein wichtiges Signal, denn es zeigt uns, dass die Produkte des Unternehmens gefragt sind und vermehrt gekauft werden.

Gewinne

Die Gewinne eines Unternehmens sind die Umsätze abzüglich aller Kosten! Wichtig ist, dass du den Unterschied zwischen Gewinn und Umsatz kennst und verstehst. Dafür nehmen wir das Handtaschenbeispiel noch einmal zur Hand und gehen näher darauf ein: Du hast also deinen Taschenladen mit einer Angestellten und zahlst Miete. Natürlich hast du Materialkosten, denn du kaufst die Taschen in Italien ein. Alle deine Ausgaben, die mit dem Business verbunden sind, werden nun von deinem Umsatz abgezogen. In diesem Fall zahlst du 3 000 Euro für deine Mitarbeiterin (das Bruttoeinkommen ist der Gesamtbetrag, den eine Person vor Abzug von Steuern, Sozialversicherungsbeiträgen oder anderen Abzügen verdient), pro Handtasche zahlst du 30 Euro Materialkosten und insgesamt fallen 4 000 Euro Miete an. Du selbst zahlst dir auch ein Gehalt in Höhe von 5 000 Euro brutto aus. (Beachte: Die Zahlen halte ich hier bewusst einfach, damit das Beispiel gut verständlich ist. Natürlich gibt es weitere Kosten und Ausgaben, die hier aber nur verwirren würden.)

Beispielrechnung mit Gewinn:

Im Dezember liegt dein **Umsatz (Einnahmen)** bei:
+ 30 000 Euro (300 Taschen je 100 Euro)

Demgegenüber stehen folgende **Kosten (Ausgaben)**:
– 9 000 Euro Materialkosten (300 Taschen × 30 Euro Materialkosten)
– 8 000 Euro Personalkosten
– 4 000 Euro Miete
– 1 000 Euro Sonstiges (Verpackungsmaterial, Kaffee, Flyer etc.)

– 22 000 Euro Gesamtkosten

→ 30 000 Euro – 22 000 Euro = 8 000 Euro Gewinn

Das heißt, es bleiben 8 000 Euro brutto **(Gewinn vor Steuern)** übrig.

Beispielrechnung mit Verlust:

Im Januar ist dein **Umsatz (Einnahmen):**
\+ 15 000 Euro (150 Taschen je 100 Euro)

Demgegenüber stehen folgende **Kosten (Ausgaben)**:
– 4 500 Euro Materialkosten (150 Taschen × 30 Euro Materialkosten)
– 8 000 Euro Personalkosten
– 4 000 Euro Miete
– 1 000 Euro Sonstiges (Verpackungsmaterial, Kaffee, Flyer etc.)

– 17 500 Euro Gesamtkosten

→ 15 000 Euro – 17 500 Euro = –2 500 Euro

Im Januar lag dein Umsatz bei nur 15 000 Euro. Obwohl die Kosten zwar etwas geringer (weniger Materialkosten) ausfielen, waren aber auch die Einnahmen geringer, sodass du einen Verlust von 2 500 Euro gemacht hast.

Was bedeutet das für dich als Unternehmerin?

Du bist mit deinem Januarergebnis unzufrieden. Für eine Umsatzsteigerung überlegst du dir für Februar zwei Aktionen:

1. **Du machst mehr Werbung:** Ab sofort postest du jeden Tag Bilder deiner Taschen auf deinem Instagram-Account und schaltest Werbung. Damit bekommen mehr Frauen mit, dass es deinen Laden gibt und was du dort verkaufst. Tatsächlich werden so viele Frauen auf dich und deine Taschen aufmerksam.
2. **10-Prozent-Rabattaktion:** Außerdem lässt du Flyer drucken, auf denen du die Aktion »Einmalig 10 Prozent auf alles im

März« anpreist. Die Aktion ist für den gesamten Monat gültig und kommt bei deinen Kundinnen extrem gut an, denn jede Tasche kostet hier nur 90 statt 100 Euro.

Beispielrechnung mit Umsatzwachstum:

Im März ist dein **Umsatz (Einnahmen):**
+ 54 000 Euro (600 Taschen je 90 Euro)

Demgegenüber stehen folgende **Kosten (Ausgaben)**:
- 18 000 Euro Materialkosten (600 Taschen × 30 Euro Materialkosten)
- 8 000 Euro Personalkosten
- 4 000 Euro Miete
- 1 000 Euro Sonstiges (Verpackungsmaterial, Kaffee, Flyer etc.)

– 31 000 Euro Gesamtkosten

→ 54 000 Euro – 31 000 Euro = 23 000 Euro

Das heißt, es bleiben dir 23 000 Euro brutto **(Gewinn vor Steuern)** übrig.

Du freust dich riesig über dieses Umsatzwachstum und hast jetzt Geld, um noch mehr Werbung zu machen, eine zweite Mitarbeiterin einzustellen und eine zweite Filiale zu planen. In den kommenden Monaten entwickelt sich dein Laden prächtig. Du erweiterst dein Portfolio um mehrere Produkte und bietest jetzt auch einige exklusivere Handtaschen für 500 Euro an. Am Ende des Jahres steht dein Umsatz bei 1 500 000 Euro und du hast 300 000 Euro Gewinn gemacht. Das ist Wachstum. Bei Verlusten hast du nicht aufgegeben, sondern bist neue Wege gegangen, was sich ausgezahlt hat.

Was kannst du daraus als Aktieninvestorin mitnehmen?
Ein Unternehmen kann jeden Monat einen anderen Umsatz generieren, die Fixkosten bleiben aber in der Regel gleich, dazu können natürlich monatlich schwankende Ausgaben kommen. Eine gute Unternehmerin muss die Kurve kriegen, die Umsätze zu steigern, aber die Kosten in Schach zu halten, weil sonst keine Gewinne übrigbleiben. So – nur deutlich komplexer – kannst du dir das Leben eines Konzerns vorstellen und in noch größerer Dimension das eines Aktienunternehmens. Es müssen immer gute Entscheidungen getroffen, die richtigen Menschen eingestellt und aus Fehlern und Niederlagen gelernt werden. Ich glaube, ich wäre nie so eine erfolgreiche Unternehmerin geworden, hätte ich mir nicht vorher die grandiosen Umsatz- und Gewinnzahlen von Wachstumsunternehmen angeschaut. Das Aktionärsdasein erlaubt es dir, in die Welt dieser spannenden und großen Zahlen einzutauchen, du kannst dich davon inspirieren lassen. Gleichzeitig kannst du an den tollen Erfolgen der Firmen teilhaben.

Beachte!
Umsatz ist nicht gleich Gewinn eines Unternehmens!

Auch wenn Unternehmen hohe Umsätze einfahren, heißt das nicht, dass es ihnen finanziell gut geht. Als Angestellte mag man vielleicht denken, dass 30 000 Euro Monatsumsatz viel Geld seien. Aber wenn man sich die Kostenstruktur in unserem Beispiel anschaut, bleiben geringe Gewinne übrig bzw. entstehen sogar im nächsten Monat Verluste.

Nehmen wir mal an, eine Freundin würde dich bitten, ihr Geld zu leihen. Welcher Freundin würdest du es anvertrauen?

- Einer Freundin, die monatlich mehr ausgibt, als sie einnimmt, oder
- einer Freundin, die jeden Monat ein Polster anhäuft und von Jahr zu Jahr vermögender wird?

Genauso ist es auch bei der Auswahl deiner Aktienunternehmen. Du musst dir anschauen, was deinen Unternehmen am Jahresende übrigbleibt! Auch hier ist die Entwicklung wieder essenziell: Wie haben sich die Gewinne oder Verluste in den vergangenen zehn Jahren entwickelt? Bei deutschen Unternehmen passiert es oft, dass die Umsätze zwar steigen, aber die Gewinne rapide zurückgehen. Das ist für uns Aktieninvestorinnen ein schlechtes Zeichen, denn langfristig ist der Aktienkurs an die Gewinnentwicklung gekoppelt.

Was passiert mit den Gewinnen?

Eine Angestellte zahlt ihre Steuern auf ihren »Umsatz« (= Bruttoeinkommen) sofort: Der Arbeitgeber zahlt ein Bruttogehalt, die Arbeitnehmerin erhält davon aber nur den Nettobetrag. Die Steuer wird direkt abgezogen und ans Finanzamt überwiesen. Völlig unabhängig von der Höhe ihrer Kosten und Investitionen. Bei einem Unternehmen ist das anders: Hier erwirtschaftet das Unternehmen selbst den Umsatz, bezahlt alle Kosten und die Steuern nur auf das, was übrigbleibt: auf den Gewinn. Einerseits: Je höher die Kosten sind, desto niedriger fällt der Gewinn aus und desto niedriger ist die absolute Steuerlast für den Unternehmer. Auf der anderen Seite: Wenn der Unternehmer keine Rücklagen bildet und der Umsatz einbricht, könnte das Unternehmen innerhalb kürzester Zeit insolvent gehen, also zahlungsunfähig werden.

Beachte!

Natürlich gibt es auch viele spannende Unternehmen, die noch am Anfang ohne Gewinne stehen. Hohe Investitionskosten überschreiten dann die Einnahmen. Wenn ein Unternehmen keine Gewinne einfährt, bedeutet das für uns als Investorinnen ein höheres Risiko! Ein profitables Unternehmen mit Gewinnen ist für uns interessanter bzw. sicherer. Trotzdem können Unternehmen auch vorher interessante Investitionen sein. Voraussetzung ist allerdings, dass die Umsätze signifikant ansteigen und alle anderen Faktoren wie Burggräben passen. Unternehmen allein an ihrer Umsatzgröße zu bewerten, ohne die Kosten einzubeziehen, ergibt keinen Sinn! Logisch, oder?

Zahlen, Daten, Fakten

Damit du dir vorstellen kannst, wie solche Umsatzentwicklungen aussehen können, habe ich dir im Folgenden jeweils zwei Beispiele aus allen vier Lebensphasen aufbereitet.

Gründungsphase

Hier haben wir Start-ups, also Unternehmen, die steigenden Umsatz generieren, aber noch keine Gewinne erwirtschaften. Folglich sind diese Firmen von Investorinnen wie uns abhängig. In Amerika und China wird die Start-up-Kultur stark unterstützt, weil es angesagt ist, ein Unternehmen zu gründen, und weil es viele Investoren gibt. Dort werden Start-ups in einem riesigen Netzwerk aus Firmen, Universitäten und Venture-Capital-Unternehmen mit vielen Millionen US-Dollar gefördert und mit Know-how nach vorne gebracht. In Deutschland sieht das leider anders aus: Für Start-ups ist es viel schwieriger, Gelder einzusammeln, und es gibt hohe bürokratische Hürden. Das erstickt in Deutschland leider die Innovation und Entwicklung von Start-ups im Keim, viele tolle Unternehmen werden nicht gegründet oder gehen pleite, weil ihnen Investoren und Know-how fehlen. Obwohl in Deutschland nach wie vor viele Patente angemeldet werden, hinken wir hinter den USA und China her – weil so gut wie nie erfolgreiche Firmen daraus entstehen. Ich als Gründerin und Investorin wünsche mir hier eine Revolution: Das Unternehmertum muss bei uns wieder in besseres Licht gerückt und viel stärker unterstützt werden. Es gibt unfassbar wenige tolle deutsche Aktienunternehmen, in die ich investieren kann. Das muss sich unbedingt ändern, damit wir als Wirtschaftsstandort relevant bleiben!

Zwei Start-ups im Vergleich

Ich habe dir die Umsatz- und Gewinnzahlen von zwei bekannten Start-ups – Beyond Meat und Pinterest – mitgebracht. Vermutlich hast du von beiden Unternehmen mindestens schon mal gehört und bekommst aufgrund der Daten hier gleich ein besseres Verständnis von Start-ups. Wie gesagt stehen diese noch am Anfang ihrer Entwicklung. So ist Beyond Meat seit 2016 an der Börse und Pinterest seit 2017. Wie du gleich an dem Chartverlauf und den Zahlen (Gewinne und Umsätze) erkennen kannst, steigen die Umsätze von Jahr zu Jahr an (Ausnahme 2022 bei Beyond Meat). Jedoch erwirtschaften beide Unternehmen noch keine Gewinne: Jedes Jahr übersteigen die Kosten die Einnahmen.

Wie du bereits gelernt hast, ist das für Start-ups normal. Für uns als Investorinnen trägt dies aber ein größeres Risiko in sich: Auf der einen Seite könnten die Unternehmen keine neuen Investoren finden, auf der anderen Seite müssen die Gründer mental und das Unternehmen strukturell so ein Wachstum verkraften. Somit bleibt spannend, wie sich diese Unternehmen weiterentwickeln und ob oder wann der Break-Even-Point erreicht wird. Für beide Unternehmen gibt es dafür mehrere Szenarien: Sie können aus eigener Kraft groß werden oder sie können von anderen, größeren Unternehmen für viele Milliarden eingekauft werden. Wie es bei Instagram der Fall war, das von Facebook für eine Milliarde US-Dollar gekauft wurde.

Aufgrund dieser vermehrten Risiken investiere ich selbst an der Börse meist nicht in Start-ups. Mir ist da zu viel los und ich müsste ständig nachlesen, wie es bei den Unternehmen aussieht und weitergeht. Zudem kann ich nicht in die Unternehmensstrategie eingreifen. Es könnte natürlich sein, dass diese Unternehmen in ein paar Jahren ein grandioses Investment werden, wenn sich der Aktienchart nach oben bewegt und die Verluste weniger werden bzw. Gewinne entstehen. Wenn wir uns aber die Aktiencharts dieser Unternehmen im Folgenden anschauen, erreichen sie nicht einmal ansatzweise die 150 Prozent Rendite in fünf Jahren. Beyond Meat hat sogar einen Verlust von –87,11 Prozent gemacht:

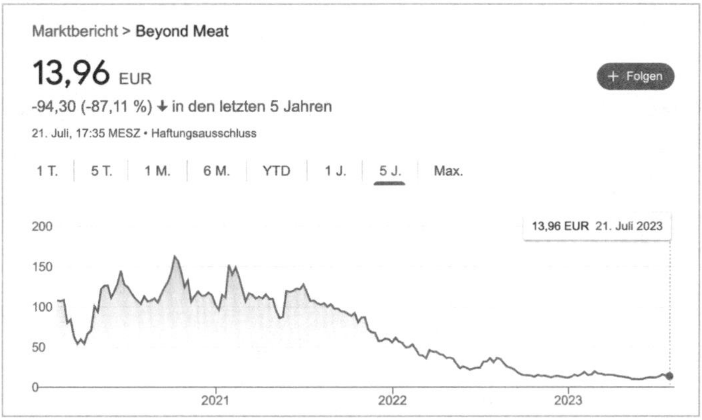

Pinterest hat in den vergangenen fünf Jahren »nur« 14,59 Prozent Rendite gemacht:

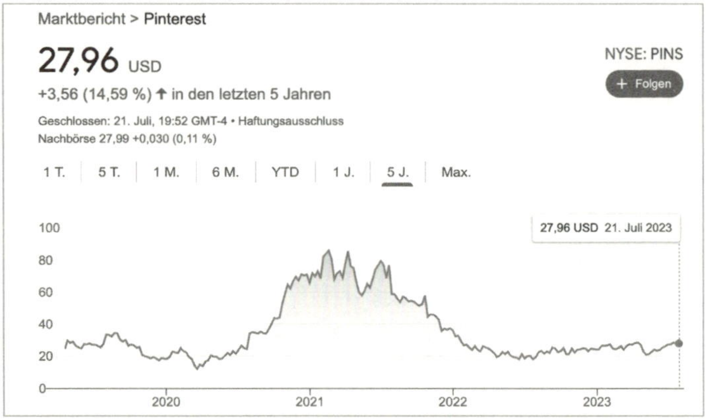

Ich habe sie trotzdem für dich ausgesucht, weil die fundamentalen Daten hier eine klare Sprache sprechen:

Beyond Meat	2016	2017	2018	2019	2020	2021	2022
Umsatz in Mio. USD	16	33	88	298	407	465	419
Gewinne in Mio. USD	−25	−30	−30	−12	−53	−182	−366

Pinterest	2017	2018	2019	2020	2021	2022
Umsatz in Mio. USD	473	756	1 143	1 693	2 578	2 803
Gewinne in Mio. USD	−130	−63	−1 361	−128	316	−96

Der Umsatz bei Beyond Meat stieg in den sieben Jahren an der Börse deutlich von gut 16 Millionen auf über 419 Millionen US-Dollar an – demnach 26-fach erhöht. Bei Pinterest stieg er in den sechs Jahren an der Börse von 473 Millionen auf 2,8 Milliarden US-Dollar. Das ist eine sechsfache Erhöhung. Der Aktienchart hat sich bei Pinterest deutlich besser entwickelt, weil sie im Jahr 2021 316 Millionen US-Dollar Gewinn erwirtschafteten, was ein äußerst gutes Zeichen war. Jedoch konnten sie das im Jahr 2022 nicht halten und der Kurs korrigierte sich wieder nach unten.

Ich finde diese Zahlen unglaublich spannend: Auf der einen Seite sieht man, wie viel Geld Start-ups machen, aber auf der anderen Seite auch, welche Entwicklung möglich ist. Dich darf das ebenso inspirieren. Denn diese Unternehmen machen es uns vor: Träume groß und stecke dir große Ziele. Was wäre, wenn sich dein Nettovermögen in sieben Jahren 26-fach erhöhen würde oder, wie bei Pinterest, jedes Jahr verdoppelte? Statt wie im aktuellen Tagesgeldkonto um nur 3 Prozent Rendite pro Jahr.

Wachstumsphase

Schauen wir uns jetzt Unternehmen in der nächsten Lebensphase an. Sie haben die Kleinkindphase, also die Gründung, gut überstanden und sind jetzt »junge Erwachsene« in ihrer vollen Blüte. Sie haben sich ein solides Fundament aufgebaut und sie können weiterhin ein großes Wachstumspotenzial nutzen. Vielleicht kennst du das aus deinem Garten oder von deinem Balkon? Es gibt Blumen, die schon nach einer Woche verblühen, deren ganze Schönheit ist dann schon wieder vorbei. Andere Pflanzen blühen den ganzen Sommer und Herbst lang. Das sind mir die liebsten Pflanzen für den Garten! Und auch die liebsten Aktien für mein Depot. Keine Sorge, es gibt ganz viele davon. Ich stelle dir hier nun vier Unternehmen aus zwei Branchen vor, die du höchstwahrscheinlich alle kennst.

1. Vergleich: Technologiebranche – Microsoft und Google

Microsoft wurde im Jahr 1975 gegründet und ist seit 1986 an der Börse. Übertragen auf unsere menschliche Lebensdauer könnte man meinen, die Firma habe ihren Zenit schon erreicht, doch die fundamentalen Zahlen zeigen uns etwas anderes: Das Unternehmen wird zwar 2025 50 Jahre alt, aber läuft weiterhin wie ein junges Reh.

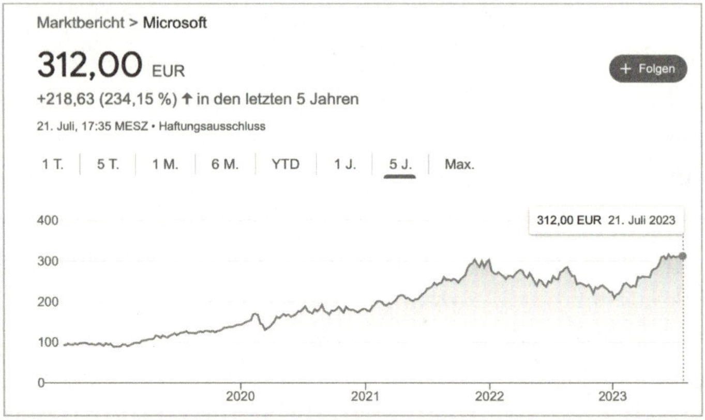

Microsoft	2013	2014	2015	2016	2017	2018	2019	2020	2021	2022
Umsatz in Mrd. USD	78	87	94	91	97	110	126	143	168	198
Gewinne in Mrd. USD	22	22	12	21	25	17	39	44	61	73

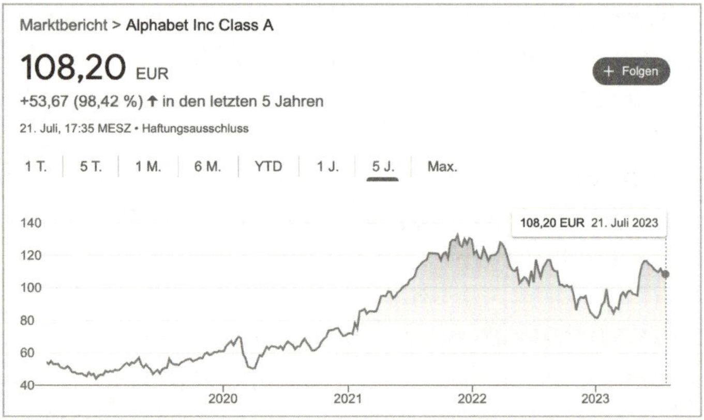

Google	2013	2014	2015	2016	2017	2018	2019	2020	2021	2022
Umsatz in Mrd. USD	56	66	75	90	111	137	162	183	258	283
Gewinne in Mrd. USD	13	14	16	19	13	31	34	40	76	60

Achtung: Bei Pinterest und Beyond Meat hatten wir Millionen. Hier sind es Milliarden (× 1000)!

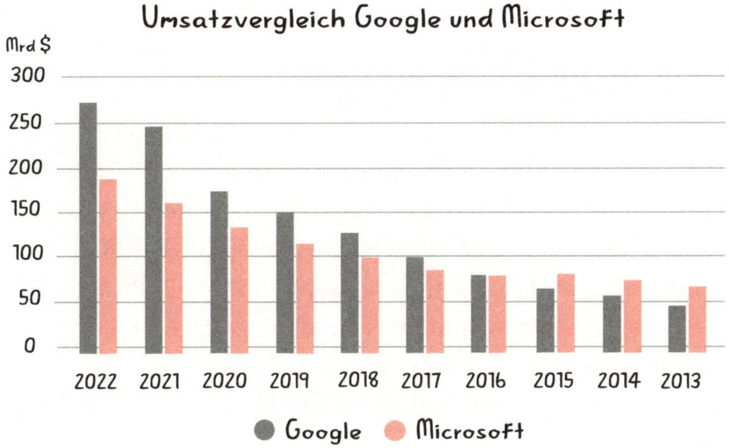

Worin unterscheiden sich diese Unternehmen in ihren Umsätzen und Gewinnen?

Als Aktie findet man den Mutterkonzern von Google unter dem Namen Alphabet Inc. Google hat seine Umsätze in den letzten zehn Jahren von 2013 bis 2022 fast verfünffacht: von 56 Milliarden auf über 283 Milliarden US-Dollar. Ähnlich wie Pinterest, die ihren Umsatz in sieben Jahren versechsfacht haben. Der große Unterschied zu Pinterest ist allerdings, dass auch die Gewinne extrem angestiegen sind: von 13 Milliarden (2013) auf 60 Milliarden US-Dollar (2022). Das heißt, es blieben dem Unternehmen 2022 etwa 21 Prozent Umsatzrendite übrig – eine sehr gute Leistung.

Google hat auch wirklich gut gewirtschaftet. Es bleibt abzuwarten, wie sich das Unternehmen weiterentwickelt. Seine Produkte werden gut von Kunden angenommen und genutzt, wie Google Docs und Gmail. Jeder Mensch googelt, wenn er etwas nicht weiß, und fast alle schauen YouTube-Videos – YouTube gehört inzwischen ebenfalls zu Google.

Die Umsätze des Großkonzerns Microsoft sind von grob 78 Milliarden US-Dollar (2013) auf fast 200 Milliarden US-Dollar gestiegen – eine 2,5-fache Steigerung. Wie du anhand der Tabelle sehen kannst, haben sich die Umsätze bei Google seit 2013 besser entwickelt als die bei Microsoft, aber dessen Gewinne haben sich prächtig entwickelt: Im Jahr 2013 lag der Gewinn noch bei 22 Milliarden US-Dollar, während er knapp zehn Jahre später (2022) bei 73 Milliarden US-Dollar lag – mehr als eine Verdreifachung. Was noch spannender ist: Das Verhältnis zwischen Umsatz und Gewinn liegt bei fast 37 Prozent. Das heißt, Microsofts Kosten sind, relativ gesehen, sehr niedrig. Google hat mit 21 Prozent Umsatzrendite schon eine grandiose Leistung gezeigt, die Microsoft mit knapp 40 Prozent nochmal in den Schatten stellt. Das zeigt sich auch im Aktienchart, wenn man die beiden Unternehmen miteinander vergleicht.

In den letzten fünf Jahren hat die Microsoft-Aktie 234 Prozent Rendite gemacht, während die Google-Aktie immerhin 98 Prozent Rendite erzielt hat. Interessant ist, dass der Konzern Microsoft seinen Aktionären sogar eine Dividende von 0,8 Prozent p. a. (per annum, pro Jahr) ausbezahlt. Microsoft hat die neue Künstliche-Intelligenz-Software Chat-GPT gekauft und diese in seine Suchmaschine Bing integriert. Das könnte viele Google-User zu Bing führen und die Umsätze von Microsoft drastisch steigern. Als Investorin an der Börse verfolgst du solche spannenden Entwicklungen ganz automatisch.

Auch Google hat eine Künstliche-Intelligenz-Software gelauncht, die im Gegensatz zu Chat-GPT nicht nur bis 2021, sondern brandaktuelle Daten verwendet. Es bleibt spannend, wie sich diese beiden großen Konzerne entwickeln und wie sie ihre Umsätze und Gewinne in den nächsten zehn Jahren fortführen werden. Ich werde es auf jeden Fall beobachten und mich an der Rendite erfreuen.

Ich hoffe, ich konnte dir mit diesen Daten deine möglicherweise vorhandene Angst oder Ablehnung vor Zahlen nehmen, denn es ist wirklich aufregend und lehrreich. Ich habe die Zahlen extra gerundet damit sie dir besser im Gedächtnis bleiben und du sie sogar im Kopf ausrechnen kannst.

2. Vergleich: Luxusmarken LVMH und Hermès

Wir schauen uns an zwei weiteren spannenden Unternehmen im Folgenden an, wie grandios sich Wachstumsunternehmen entwickeln können. Damit du siehst, wie viel Geld Firmen auch mit physischen Produkten, in dem Fall Kleidung, Taschen, Champagner und Co., verdienen können, habe ich zwei erfolgreiche Luxus-Modemarken analysiert. Der große Unterschied zur Technologiebranche, bei der Software einmal entwickelt wird und die Vervielfältigung kaum Geld kostet, muss bei physischen Produkten jede Tasche und Flasche produziert, transportiert und meist in exklusiven Läden verkauft werden. Die Kosten dafür tragen die Firmen. Aufgrund der hohen Marge hat LVMH 2022 eine Gewinnrendite von ca. 18,6 Prozent gemacht – grandios gut, aber Hermès hat sogar eine Gewinnrendite von grob 30 Prozent (2022) erwirtschaftet. Sehr spannend ist, dass beide Marken im Ursprung schon über 150 Jahre alt sind: Die Luxus-Modemarke Hermès wurde 1837 gegründet und ging 1983 an die Pariser Börse. Das Unternehmen besteht also seit 186 Jahren! Allein das ist eine grandiose Leistung. Die Firma war lange ein reines Familienunternehmen. Es ist nicht selbstverständlich, dass es so viele Generationen lang besteht und dann ganze 146 Jahre nach seiner Gründung an die Börse ging. Das Unternehmen ist seit 40 Jahren ein Aktienunternehmen und zahlt den Aktionären ca. 0,7 Prozent Dividende.

Das ebenso bekannte Luxussmode-Konglomerat LVMH wurde 1987 durch den Zusammenschluss der Unternehmen Louis Vuitton, Moët und Hennessy gegründet. Moët, Hennessy war zuvor ein Zusammenschluss der Champagnermarke Moët & Chandon mit dem Cognac-Hersteller Hennessy. Den dritten im Bund, die Marke Louis Vuitton, gab es bereits seit 1854. Zwei Jahre nach dem Zusammenschluss ging LVMH 1989 an die Pariser Börse, ist also seit 34 Jahren börsennotiert. Auch LVMH zahlt seinen Aktionären eine jährliche Dividende von grob 1 Prozent.

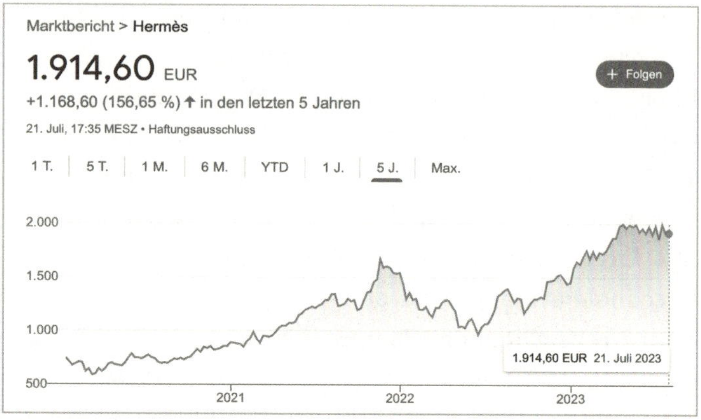

HERMES	2013	2014	2015	2016	2017	2018	2019	2020	2021	2022
Umsatz in Mrd. Euro	3,8	4,1	4,8	5,2	5,6	5,9	6,9	6,4	8,9	11,6
Gewinne in Mrd. Euro	0,8	0,9	1	1,1	1,2	1,4	1,5	1,4	2,5	3,4

LVMH	2013	2014	2015	2016	2017	2018	2019	2020	2021	2022
Umsatz in Mrd Euro	29,2	30,6	35,7	37,6	42,6	46,8	53,7	44,7	64,2	79,2
Gewinne in Mrd Euro	3,9	6,1	4	4,4	5,6	7	7,8	4,9	12,7	14,8

Der Umsatz hat sich bei Hermès in zehn Jahren fast verdreifacht: von knapp 4 Milliarden Euro (2013) auf fast 12 Milliarden Euro (2022). Auch LVMH hat seine Umsätze von knapp 30 Milliarden Euro (2013) auf fast 80 Milliarden Euro (2022) gesteigert – das gut 2,5- bis fast Dreifache. Somit ist das Umsatzwachstum im Vergleich zu den oben genannten Konzernen – Microsoft und Google – deutlich geringer. Jedoch ist die Gewinnentwicklung genauso gut, deswegen sprechen wir auch hier von Wachstumsunternehmen. Ein Aspekt macht Luxusmarken besonders spannend: Sie sind krisenresistent. Wie ich bereits bei den Burggräben erwähnte, spielt die Inflation keine große Rolle in diesem Segment. Menschen, die sich Taschen für mehrere Tausend Euro leisten können, merken 10 Prozent Inflation kaum. Im Gegenteil: Sie kaufen bei steigenden Preisen sogar noch mehr Luxusgüter wie Taschen als Investment.

Im Folgenden ist die Preisentwicklung einer Chanel-Handtasche von 1955 bis 2022 abgebildet. Während sie ursprünglich nur 220 US-Dollar gekostet hat, kostete sie im Jahr 2022 10 200 US-Dollar. Ob man diese Preisexplosion Inflation oder Wertsteigerung nennen möchte, mögen bitte alle für sich selbst beantworten ;).

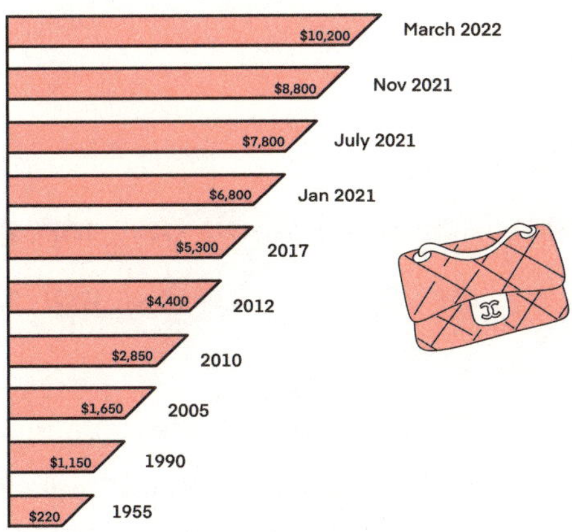

Reifephase

Ich habe Autos schon immer geliebt. Mein Mann und ich fahren einen VW California Ocean und Markus hat früher bei BMW gearbeitet. Ich ging immer davon aus, dass Automobilunternehmen ein kluges Investment in Deutschland seien, denn schließlich wird unsere Ingenieurskunst auf der ganzen Welt bewundert, und deutsche Autos stehen für Qualität und Fahrfreude! Doch diese Freude überträgt sich leider nicht auf die Börse.

Die weltweit bekannte deutsche Automarke BMW (Bayerische Motoren Werke) wurde 1916 gegründet. Erst mehr als 50 Jahre später wurde 1969 daraus eine Aktiengesellschaft. Wenn ich mir den Aktienchart von BMW im Jahr 2023 anschaue, sehe ich in den letzten fünf Jahren eine Rendite von knapp 30 Prozent. Damit hätte ich den Markt nicht geschlagen.

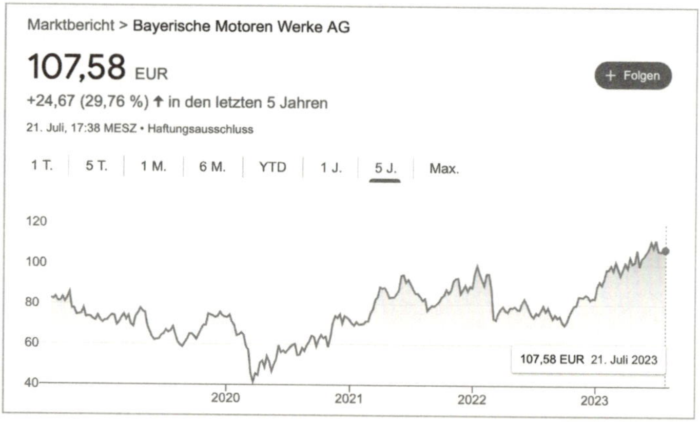

BMW	2013	2014	2015	2016	2017	2018	2019	2020	2021	2022
Umsatz in Mrd. Euro	76,06	80,4	92,18	94,16	98,68	97,48	104,21	98,99	111,24	142,61
Gewinne in Mrd. Euro	5,3	5,8	6,4	6,9	8,7	7,2	5	3,9	12,5	18,6

Doch warum ist das so? BMW hat seinen Umsatz in zehn Jahren verdoppelt: von grob 75 Milliarden auf über 140 Milliarden Euro.

Die Gewinne haben sich von 5 Milliarden auf über 18 Milliarden Euro mehr als verdreifacht. Die Umsatzrendite liegt im Schnitt bei nur 10 Prozent. Im Vergleich zu Microsoft oder Hermès ist das wenig, immerhin hatten diese 30 Prozent! BMW hat seine Zahlen »nur« verdoppelt. Das Wachstum ist damit deutlich geringer ausgefallen als bei den anderen hier vorgestellten Unternehmen. Deswegen ist die Aktie nicht so interessant für uns Investorinnen.

Was auffällt: BMW zahlt eine äußerst hohe Dividende von knapp 8 Prozent an seine Aktionäre aus. Das heißt für das Unternehmen, dass wenig Geld für große Investitionen übrigbleibt. Die hier betrachteten Gewinne in der Tabelle sind jene nach Abzug von Steuern und auch nach Abzug der Dividende. Zum Verständnis: Das Unternehmen bezahlt alle seine Kosten und die Gewinne, die übrigbleiben, werden in Deutschland mit ca. 30 Prozent versteuert. Vom Rest gehen bei dieser Aktie noch 8 Prozent Dividende ab. Dem Unternehmen bleibt – relativ gesehen – nicht viel Geld für große Investitionen. Meiner Meinung nach müsste das Unternehmen noch mehr sparen, um als Aktieninvestment interessant zu werden. Natürlich müssen wir die 8 Prozent pro Jahr auf die 30 Prozent in fünf Jahren hinzurechnen, da die Dividende direkt beim Aktionär ankommt. Somit hat die Aktie eine Gesamtrendite von ca. 70 Prozent erreicht. Jedoch wissen wir nicht, was der Aktionär mit der Dividende macht, denn er kann sie ausgeben oder wieder neue Aktien von dem Geld kaufen, also reinvestieren.

Betrachten wir VW im Vergleich: Der ebenso bekannte deutsche Automobilhersteller VW wurde 1937 gegründet und ging 24 Jahre später (1961) an die deutsche Börse. In den letzten fünf Jahren hat die Aktie des VW-Konzerns –17 Prozent Rendite gemacht, also den Aktionären deutliche Verluste beschert. Wenn wir uns die fundamentalen Zahlen genauer anschauen, liegt die Umsatzentwicklung bei nur ca. 50 Prozent im Verlauf von 10 Jahren, ist also von knapp 200 Milliarden Euro auf knapp 300 Milliarden Euro gestiegen. Die Gewinne sind in diesen zehn Jahren auch nur um knapp 70 Prozent gestiegen. Dennoch schwankt die Gewinnrendite stark: Sie liegt zwischen 8 und 15 Prozent. Wenn wir das mit Wachstumsunternehmen vergleichen, auch mit den vorher vorgestellten, ist das wirklich gering.

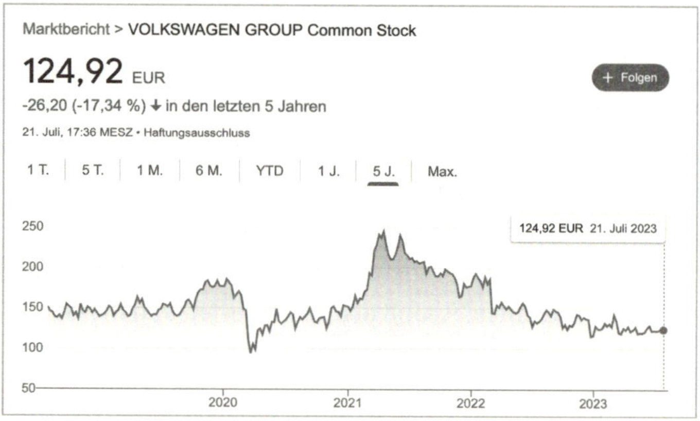

Volkswagen	2013	2014	2015	2016	2017	2018	2019	2020	2021	2022
Umsatz in Mrd. Euro	197	202,5	213,3	217,3	230,7	235,9	252,6	222,9	250,2	279,2
Gewinne in Mrd. Euro	9,1	10,9	−5,1	5,2	11,4	11,8	13,5	8,3	14,9	15,3

Schrumpfungsphase

Zwei Unternehmen, die du höchstwahrscheinlich auch kennst, sind seit einigen Jahren in der Schrumpfungsphase und letztendlich im Bankrott gelandet.

Fossil Group

So ist die Aktie des deutschen Schmuck- und Uhrenherstellers Fossil in den vergangenen fünf Jahren um knapp 90 Prozent gefallen. Die Marke Fossil wurde 1984 gegründet und ging 1993 an die Börse. Nach 30 Jahren machte das Unternehmen im Jahr 2023 offiziell pleite.

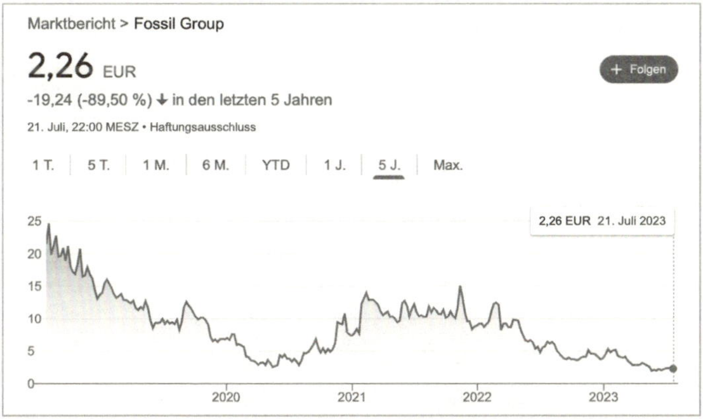

Fossil	2013	2014	2015	2016	2017	2018	2019	2020	2021	2022
Umsatz in Mrd. USD	3,26	3,51	3,23	3,04	2,79	2,54	2,22	1,61	1,87	1,68
Gewinne in Mrd. USD	0,38	0,38	0,22	0,08	-0,48	0	-0,05	-0,1	0,03	-0,04

Wie gerne habe ich in meiner Schulzeit den Schmuck von Fossil getragen, auch die Portemonnaies waren hoch im Kurs. Wenn wir uns allerdings die fundamentalen Daten der letzten fünf Jahre anschauen, ist es ein Graus: Jahr für Jahr schrieb die Firma Verluste und als intelligente Investorin hättest du diesen Abwärtstrend schon längst erkannt. Ich zeige dir diese Unternehmen, weil ich denke, dass du die Firmen kennst und dann gleich einen Bezug zu ihnen hast. Du kannst an dieser Stelle viel aus deren fundamentalen Daten lernen und sehen, dass der Umsatz sich in den letzten zehn Jahren halbiert hat. Gleichzeitig erkennst du auch, dass das Unternehmen seit 2017 rote Zahlen schreibt. Das heißt, du wärst allerspätestens zu diesem Zeitpunkt ausgestiegen bzw. mit deinem jetzigen Wissen gar nicht erst eingestiegen. Es kann natürlich sein, dass deine Mutter die Aktie schon gekauft hat, weil es eine Zeit gab, in der das Unternehmen ein spannendes Investment war: Von 2009 bis 2015 hat die Aktie schließlich über 915 Prozent Rendite gemacht, wie die folgende Abbildung zeigt:

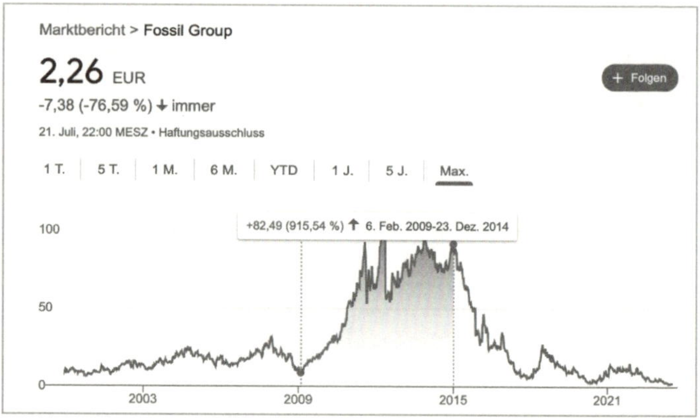

Tupperware

Wer war nicht schon einmal auf einer Tupper-Party oder hat sich bei seiner Mama eine Tupperdose ausgeliehen, die dann letztlich blieb? Das Unternehmen wurde 1946 gegründet und ist seit 1996 börsennotiert, musste aber 2023 Insolvenz anmelden.

Tupperware	2013	2014	2015	2016	2017	2018	2019	2020	2021	2022
Umsatz in Mrd. USD	2,67	2,61	2,28	2,21	2,26	2,07	1,8	1,74	1,6	1,31
Gewine in Mrd. USD	0,27	0,21	0,19	0,22	-0,27	0,16	0,01	0,12	0,02	-0,23

Tupperware lässt sich gut mit Fossil vergleichen, denn auch hier hat sich der Umsatz von 2013 bis 2022 halbiert. Im Vergleich zu Fossil sind die Gewinne bei Tupperware jedoch relativ stabil geblieben im Verhältnis zum Umsatz, brachen dann aber 2022 stark ein, sodass das Unternehmen Verluste verzeichnen musste. Auch bei diesem Konzern wären die Jahre 2009 bis 2013 ein interessantes Investment gewesen: Die Rendite lag da bei 650 Prozent.

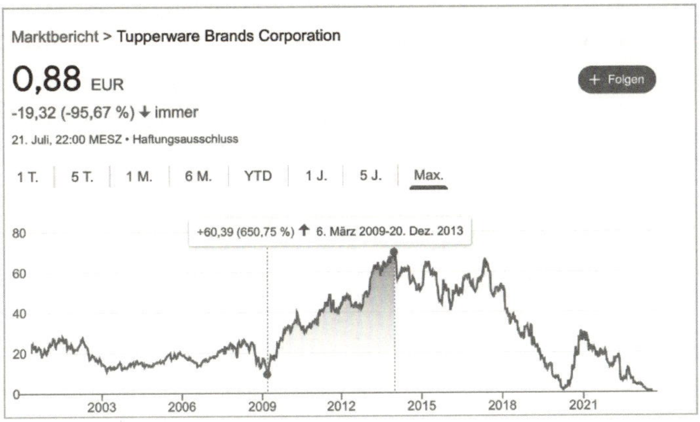

Tupperware tat alles in seiner Macht Stehende, doch im Schlussquartal 2022 brach der Umsatz im Vergleich zum Vorjahreszeitraum um 20 Prozent auf 313,7 Millionen Dollar ein.

Beachte!

Bei diesem Unternehmen hättest du mit deinem jetzigen Wissen nicht investiert, da es schon den ersten Test mit der Fünf-Jahres-Performance nicht bestanden hätte.
Mit diesen zwei Beispielen möchte ich dir zeigen, dass Aktienunternehmen nicht immer für die Ewigkeit gemacht sind. Wichtig ist, dass du weißt, welche fundamentalen Daten du dir ansehen musst, um frühzeitig zu erkennen, dass hier etwas schief läuft.

Übung

Analyse von Umsätzen und Gewinnen

Wie viele deiner ursprünglich ausgewählten Top-Unternehmen sind jetzt noch übriggeblieben? Schau dir von diesen Unternehmen die Umsätze und Gewinne an. Nimm dafür die Zahlen der letzten fünf (besser: der letzten zehn) Jahre aus dem Internet zur Hand (nutze die Tabelle auf der nächsten Seite). Wie haben sich die Umsätze und Gewinne entwickelt? Interessant sind für dich als Investorin natürlich die Unternehmen mit steigenden Umsätzen und steigenden Gewinnen!

Wie lautet dein Resümee?

Firma	Jahr	Jahr	Jahr	Jahr	Jahr	Jahr	Jahr	Jahr	Jahr	Jahr
Umsatz										
Gewinn										
Umsatz										
Gewinn										
Umsatz										
Gewinn										
Umsatz										
Gewinn										
Umsatz										
Gewinn										

Zusammenfassung

- Unternehmen durchlaufen ähnlich wie Menschen verschiedene Lebensphasen: Gründung, Wachstum, Reife, Schrumpfung und Ende.
- Du musst diese Phasen unterscheiden können.
- Wie lange eine Phase dauert, ist je nach Unternehmen unterschiedlich.
- Großes Potenzial liegt in der Wachstumsphase.
- Bei guten Unternehmen dauert die Wachstumsphase oft länger als geglaubt. Sie tun alles dafür, damit sie möglichst lange im »Frühling« bleiben und nicht in den »Herbst« kommen.
- Der Umsatz ist die Summe aller verkauften Leistungen und Waren eines Unternehmens.
- Die Umsätze sollten im Verlauf der letzten fünf Jahre betrachtet werden, um Trends zu erkennen.
- Ein steigender Umsatz ist ein positives Signal, dass die Produkte gefragt sind und mehr Menschen sie kaufen.
- Gewinn ist der Umsatz abzüglich aller Kosten eines Unternehmens.
- Die Gewinnentwicklung sollte über mehrere Jahre betrachtet werden, da der Aktienkurs langfristig an die Gewinne gekoppelt ist.
- Unternehmen mit steigenden Umsätzen und Gewinnen sind für uns Investorinnen interessant.
- Die Bewertung eines Unternehmens allein anhand des Umsatzes ohne Berücksichtigung der Kosten ergibt keinen Sinn.
- Bei der Analyse von Unternehmen sollten auch andere Faktoren wie Burggräben berücksichtigt werden.
- Investorinnen sollten Unternehmen identifizieren, die sowohl gute Umsatz- als auch Gewinnentwicklungen aufweisen.

9. KAPITEL

Welche Check-ups helfen dir außerdem?

Weitere wichtige Kennzahlen

Wenn du in einer Tageszeitung den Börsenteil siehst, hast du dich früher vielleicht immer gefragt, was all diese Zahlen und Kurven bedeuten sollen. Ich hoffe, jetzt ist schon vieles klarer und zugänglicher für dich. Wenn du an Aktien und Börse gedacht hast, kamst du dir vielleicht vor wie in einem Dschungel, in dem du dich mit einer Machete durch den Wald kämpfen musstest. Das ist frustrierend, daher geben hier viele auf und kommen nie an der bezaubernden Oase des Wohlstandes an. Das war schon immer der Grund, weshalb ich anderen Frauen helfen wollte: Ich bin mit der Machete schon einmal durch und habe den Weg für dich geebnet. Jetzt musst du ihn zwar immer noch selbst laufen, aber du kannst dich an Schildern orientieren, an Plätzen ausruhen und stärken und Übungen machen, die dich für den weiteren Weg fitter machen. So schaffst du es zu deiner Wohlfühloase, wie auch immer sie für dich aussehen mag. Also steh auf, lass uns den Weg zusammen gehen und du wirst sehen, was alles in dir steckt.

Du kennst dich jetzt schon mit einigen wichtigen Zahlen und Fakten aus, die dir bei der Auswahl guter Aktienunternehmen helfen. Es gibt jedoch noch weitere wichtige Kennzahlen und Begrifflichkeiten des Börsenuniversums, die du als Investorin auf jeden Fall kennen solltest. Auf jene, die ich für relevant halte und die ich bei meinen Analysen einbeziehe, gehen wir in diesem Kapitel Schritt für Schritt ein.

Wusstest du, dass in Deutschland gerade einmal 4 Prozent der Menschen aktiv an der Börse handeln? Ich hoffe, du gehörst auch bald zu ihnen! Dabei fühlst du dich dann möglicherweise wie eine Pionierin, immerhin sind noch so wenige Menschen unserer Gesellschaft Aktionäre und der Weg zum Reichtum mittels Investierens ist weniger überfüllt als die Münchner Innenstadt. Das ist großartig! Entdecke die mutige Amazone in dir und gehe mit großer Neugierde und Selbstbewusstsein an die Börsensache ran. Du wirst sehen: Das Thema macht unglaublich viel Spaß und ist viel einfacher, als gedacht. Ich durfte schon mehrere Tausend Frauen inspirieren, mutiger und vermögender machen. Sei auch du mit dabei und lerne diese neue Disziplin kennen. Machen wir also weiter mit den Kennzahlen, die neben Umsatz und Gewinn noch wichtig sind, um gute Investmententscheidungen zu treffen.

1. Marktkapitalisierung – Wie groß ist der Kuchen wirklich?

Wir können dank der Marktkapitalisierung messen, wie groß unser Aktienunternehmen wirklich ist. Stell dir dafür vor, du hättest ein Unternehmen, das in kleinste Teile, unsere geliebten Aktien, aufgeteilt ist. Die Marktkapitalisierung ist schlicht die Summe aller Aktien. Angenommen, eine Aktie eines Unternehmens kostet 100 Euro und es befinden sich insgesamt 10 000 Aktien im Umlauf. Die Marktkapitalisierung dieses Unternehmens beträgt dann 100 Euro × 10 000 Aktien = 1 000 000 Euro. Es ist entscheidend, wie viele Aktien (»Kuchenstücke«) es gibt und was eine einzelne Aktie kostet.

Die gesamte Anzahl dieser »Kuchenstücke« definiert das Unternehmen selbst. Apple ist beispielsweise dafür bekannt, dass es in regelmäßigen Abständen seine Kuchenstücke zerteilt: der Aktiensplit. Das bedeutet bei Apple konkret, dass es 2020 seinen fünften Aktiensplit im Verhältnis 4:1 durchgeführt hat: Aus einer Aktie wurden vier gemacht. Hat eine Aktie vorher 400 Euro gekostet, kostet sie nach einem 4:1-Split noch 100 Euro. Grundsätzlich bedeutet ein Aktiensplit nicht, dass sich am Depotwert etwas ändert, denn die Aktien werden nur optisch günstiger. Der Wert im Depot bleibt erhalten und wird automatisch umgebucht. An der Marktkapitalisierung ändert ein Aktiensplit nichts. Da Apple regelmäßig Splits durchführt, kostet eine Aktie immer nur um die 100 Euro. Bei anderen Blue Chips wie z. B. Google oder Amazon hat eine Aktie auch schon über 3 000 Euro gekostet. Viele lassen sich durch den »hohen« Preis einer Aktie abschrecken und sehen dabei nicht, wie groß das Kuchenstück ist – was auch der Grund dafür sein dürfte, dass Apple regelmäßig diese Splits durchführt.

Einen ganz anderen Ansatz fährt der CEO von Berkshire Hathaway, Warren Buffett, der weltbekannte Investor. Seit dem Börsengang 1962 wurde die A-Aktie (dazu gleich mehr) dieses Unternehmens nie geteilt. Sie kostete damals 7,50 US-Dollar das Stück, heute (August 2023) steht sie bei über 500 000 US-Dollar – für nur eine einzige Aktie! Buffett teilt diese A-Aktie ganz bewusst nicht, um den Menschen zu zeigen, wie sich ein gutes Aktieninvestment entwickeln kann. Immer wieder werfen Anleger Warren Buffett vor, er würde sich mit dieser Strategie Kleinanleger vom Hals halten, das stimmt aber so nicht, denn es gibt bei seinem Unternehmen A-Aktien und B-Aktien. Letztere kosteten im August 2023 etwas über 300 US-Dollar. Wer also ein Stück von diesem Kuchen abhaben will, kann sich mit der B-Aktie daran bedienen. Der Unterschied: Mit A-Aktien gehört der Investorin viel mehr vom Kuchen als mit B.

Warum aber ist die Marktkapitalisierung wichtig? Sie zeigt uns, wie viel das Unternehmen insgesamt wert ist. Wenn sie hoch ist, bedeutet das normalerweise, dass viele Investoren auf den Erfolg des Unternehmens vertrauen. Wenn sie hingegen niedrig ist, kann dies darauf hindeuten, dass das Unternehmen nicht so wertvoll oder weniger bekannt ist. Wichtig: Die Marktkapitalisierung sagt nicht unbedingt etwas darüber aus, wie sich das Unternehmen zukünftig entwickeln wird. Sowohl große als auch kleine Firmen können noch wachsen – oder eben nicht. Oft wird behauptet, kleinere Unternehmen hätten mehr Wachstumspotenzial. Das würde ich allerdings nicht pauschalisieren: Man muss sich jedes Unternehmen detailliert anschauen. Selbst bei Apple, das aktuell einer der größten Konzerne in Bezug auf die Marktkapitalisierung ist (3 Billionen US-Dollar), wachsen Umsätze und Gewinne jährlich zwischen 10 und 30 Prozent. Eine großartige Leistung, die kleine Unternehmen häufig nicht schaffen. Deswegen muss alles in Prozenten betrachtet werden, denn es geht nicht nur um die absoluten Zahlen, sondern besonders auch um das prozentuale Wachstum.

Gehen wir noch einmal auf die Marktkapitalisierung ein: Bis 2018 hatten Unternehmen eine maximale Marktkapitalisierung im Milliardenbereich. Apple hat 2018 als das erste Unternehmen die 1-Billion-US-Dollar-Marke geknackt – 2023 hat es eine Marktkapitalisierung von 3 Billionen US-Dollar erreicht. Verdeutlicht dir das, wie viel Wachstum da passiert ist?

Falls nicht, dann schreibe dir 3 Billionen mit allen Nullen auf:

....

Für eine Orientierung, wie groß ein Unternehmen an der Börse ist, werden die Konzerne in verschiedene Marktkapitalisierungsgrößen (oft auch als »Caps« [capitalization] abgekürzt) auch bezüglich ihrer Bedeutung kategorisiert. Diese Einordnung entstand im Laufe der Zeit und wird sowohl von Finanzmärkten als auch Anlegern verwendet. Es gibt jedoch keine zentrale Behörde, die diese Einteilung offiziell festlegt. Stattdessen basiert die Zuteilung auf allgemein akzeptierten Standards. Beachte, dass die Kategorisierung in Caps nicht in Stein gemeißelt ist und sich wie die Marktkapitalisierung ständig verändern kann:

1. **Small Cap:** Unternehmen mit einer Marktkapitalisierung bis ca. 5 Milliarden US-Dollar.
2. **Mid Cap:** Unternehmen mit einer Marktkapitalisierung zwischen 5 und 10 Milliarden US-Dollar.
3. **Large Cap:** Unternehmen mit einer Marktkapitalisierung von 10 bis 200 Milliarden US-Dollar.
4. **Blue Chips:** Unternehmen mit einer Marktkapitalisierung von über 200 Milliarden US-Dollar.

Die Marktkapitalisierung ändert sich mit dem Aktienkurs. Da dieser schwankt und Unternehmen neue Aktien herausgeben oder eigene Aktien zurückkaufen können, verändert sich die Marktkapitalisierung täglich. Wichtig für dich als Investorin: Sie ist eine Kennzahl, die du dir bei deinen Unternehmen immer unbedingt anschauen solltest, um ein Gefühl für die Größe deiner Aktienunternehmen zu bekommen.

Das allein reicht jedoch immer noch nicht für die Beurteilung der finanziellen Gesundheit oder des unternehmerischen Erfolgs aus. Es gibt tolle Blue-Chip-Unternehmen mit einer Marktkapitalisierung von 3 000 000 000 000 (also drei Billionen) US-Dollar, es gibt aber ebenso tolle Small Caps mit 1 000 000 000 (eine Milliarde) US-Dollar Marktkapitalisierung. Diese Kennzahl zeigt uns, wie enorm Unternehmen wachsen konnten, wie viel Wachstum sie hinbekommen haben, das uns schließlich so wichtig ist.

Beachte!

Wie in den vorherigen Kapiteln erklärt, reicht *eine* Information zur fundierten Bewertung von Unternehmen nicht aus, sondern es geht immer um das Zusammenspiel mehrerer Faktoren: Das sind neben der Marktkapitalisierung der Aktienchart, Umsatz, Gewinn, die Burggräben und das Wachstum.

Hier ein paar Beispiele (Stand: Juli 2023):

Small Cap: Marktkapitalisierung bis ca. 5 Milliarden US-Dollar

1. Beyond Meat – Auf die Herstellung von pflanzlichen Fleischersatzprodukten spezialisiert (994 Millionen US-Dollar)
2. Abercrombie & Fitch – Bekleidungsunternehmen für Freizeitkleidung und Mode für junge Erwachsene (1,9 Milliarden US-Dollar)
3. HelloFresh SE – Unternehmen für abonnementbasierte Mahlzeiten-Kits, die an die Haustür geliefert werden (4 Milliarden Euro)
4. Aixtron SE – Unternehmen, das Anlagen zur Herstellung von Halbleitern und LEDs entwickelt und produziert (5 Milliarden US-Dollar)

Mid Cap: Marktkapitalisierung zwischen 5 und 10 Milliarden US-Dollar

1. Macy's – Einzelhandelskette für Mode, Schönheitsprodukte, Haushaltswaren u. a. (4 Milliarden US-Dollar)
2. Levi Strauss & Co. – weltweites Bekleidungsunternehmen für u. a. Denim-Jeans (6 Milliarden US-Dollar)
3. Dropbox – Technologieunternehmen für cloudbasierte Da-

tenspeicher- und Dateifreigabe-Plattform (9 Milliarden US-Dollar)
4. DocuSign, Inc. – Unternehmen, das elektronische Signaturen und Dokumenten-Management-Lösungen anbietet (10 Milliarden US-Dollar)

Large Cap: Marktkapitalisierung von über 10 Milliarden US-Dollar

1. Etsy, Inc. – E-Commerce-Plattform, auf der handgemachte Produkte verkauft werden (12 Milliarden US-Dollar)
2. Dominos Pizza Inc. – auf die Lieferung von Pizza und anderen Speisen spezialisiert, mit weltweiten Franchise-Läden (14 Milliarden US-Dollar)
3. Nike – Bekleidungsunternehmen für Sport- und Freizeitbekleidung (120 Milliarden US-Dollar)
4. Netflix – globales Unterhaltungsunternehmen, das vor allem für seinen Video-Streamingdienst bekannt ist (190 Milliarden US-Dollar)

Blue Chip: Marktkapitalisierung von über 200 Milliarden US-Dollar

1. Amazon.com Inc. – E-Commerce- und Technologieunternehmen mit breitem Spektrum an Produkten und Dienstleistungen (1,32 Billionen US-Dollar)
2. Alphabet Inc. – Muttergesellschaft von Google, einem der weltweit größten Technologieunternehmen (1,54 Billionen US-Dollar)
3. Microsoft Corporation – Softwareunternehmen, das u. a. das Betriebssystem Windows und die Office-Suite entwickelt (2,54 Billionen US-Dollar)
4. Apple Inc. – Technologieunternehmen, das u. a. iPhones, iPads und Macs herstellt (3,03 Billionen US-Dollar)

Übung

Die Marktkapitalisierung deiner Unternehmen

Wie sieht die Marktkapitalisierung deiner Top-Unternehmen aus? Gib dazu in deine Suchmaschine Folgendes ein: Marktkapitalisierung und den Namen deines jeweiligen Unternehmens. Ordne dann deine Unternehmen nach Größe: Handelt es sich um Small, Mid, Large Caps oder Blue Chips?

	Unternehmen	Marktkapitalisierung in Mrd. Dollar oder Euro	Kategorie (Caps)
1			
2			
3			
4			
5			
6			
7			
8			
9			
10			
11			
12			
13			
14			
15			

2. Volumen – Wie viele Aktien deines Unternehmens werden täglich gehandelt?

Die Marktkapitalisierung dient dazu, finanzielle Aspekte von Unternehmen zu messen und zu bewerten, um ein Gefühl von der Größe des Unternehmens innerhalb seiner Branche zu bekommen. Es gibt unterschiedlich große Unternehmen mit unterschiedlich vielen Kuchenstücken.

Im Gegensatz dazu geht es bei der Kennzahl »Volumen« um Sicherheit. Für dich als Investorin ist es wichtig zu erfahren, wie viele Aktien in der Regel pro Tag von deinem Unternehmen gehandelt werden, um selbst immer handeln zu können – um Liquidität zu haben. Denn stell dir einmal vor, du willst etwas verkaufen, das niemand kaufen will. Oder du willst etwas kaufen, was niemand anbietet. Damit dir das an der Börse nicht passiert, überprüfen wir, wie viele Aktien des Unternehmens täglich gehandelt werden. Das ist bei den Blue Chips selten ein Problem, aber bei den Small Caps solltest du genauer hinschauen.

Wie findest du die Anzahl der gehandelten Aktien heraus?

Es gibt eine webbasierte Plattform im Internet, die ich dir sehr ans Herz legen kann: TradingView. Hier kannst du mit der kostenlosen Basisversion Aktien in Echtzeit analysieren, technische Indikatoren verwenden und Aktiencharts erstellen. Du gibst dazu den Ticker deiner Aktie ein und kannst den Chartverlauf anschauen und die Rendite bzw. Verluste der Aktie in der Zeit analysieren. Außerdem kannst du mithilfe des Indikators »Volumen« sehen, wie viele Aktien pro Tag gehandelt werden.

Small-Cap-Beispiel

Das Unternehmen Quaker Houghton (Ticker: KWR) ist ein weltweit tätiges Unternehmen, das sich auf Spezialchemikalien und Schmierstoffe für verschiedene Industrien spezialisiert hat. Die Marktkapitalisierung lag im Juli 2023 bei 3,5 Milliarden US-Dollar.

Wenn du das Unternehmen bei TradingView raussuchst und bei Indikatoren »Volumen« eingibst, werden dir am unteren Bildschirmrand Balken angezeigt, die das Volumen darstellen. Wie du in der obigen Grafik siehst, schwankt es von Tag zu Tag. Fährst du mit deinem Cursor über die Balken, wird dir links oben, bei »Vol.«, die Höhe des Tagesvolumens angezeigt. Es ändert sich täglich. In diesem Beispiel schwankt es zwischen 40 000 und 370 000 Aktien pro Tag. Ich habe diese Aktie wegen ihres geringen Volumens ausgesucht. Andere Small Caps haben häufig ein höheres Tagesvolumen.

Beachte!

Handle niemals mit mehr als 3 Prozent des jeweiligen Tagesvolumens, damit du nicht das Problem hast, dass du keinen Käufer oder Verkäufer findest, wenn du schnell deine Aktie kaufen oder verkaufen willst.

Bei einem Tagesvolumen von 40 000 Stück solltest du, um auf Nummer sicher zu gehen, nicht mehr als 1200 Aktien pro Tag kaufen oder verkaufen. Deswegen kaufen Großinvestoren wie der berühmte Warren Buffett keine Small Caps – was für viele von uns ein Vermögen ist, ist für einen Großinvestor Taschengeld. In unserem Beispiel würden 1200 Aktien bei einem Kaufpreis von 193 US-Dollar insgesamt über 230 000 US-Dollar kosten. Eine zu kleine Summe für einen großen Investor, der Milliarden anlegt. Hast du schon mal davon gehört, dass Menschen ihre Aktien nicht mehr loswurden, nachdem ein Aktienkurs stark eingebrochen war? Das Problem dahinter ist das viel zu niedrige Handelsvolumen. Deswegen kaufe ich keine Aktien unter 200 000 Handelsvolumen pro Tag.

Wie sieht es im Vergleich dazu bei einem Blue Chip aus?
Das Beispiel Apple habe ich in diesem Buch schon mehrfach erwähnt.

Es werden zwischen 30 und 180 Millionen Apple-Aktien pro Tag an der amerikanischen Börse gehandelt. Im Durchschnitt also ca. 60 Millionen Aktien täglich. Bei dem aktuellen Kaufpreis von

193 US-Dollar und der Empfehlung der maximal 3 Prozent des Handelsvolumens kannst du als Anlegerin für 350 Millionen US-Dollar einkaufen und müsstest dir keine Sorgen machen, dass die Apple-Aktien ausgehen. Ebenso ist es beim Verkaufen. Falls die Apple-Aktie heute einbricht und du sie loswerden wolltest, solltest du kein Problem beim Verkauf haben – solange du nicht mehr als 350 Millionen US-Dollar an Apple-Aktien in deinem Depot hast zumindest … Für dich als Kleininvestorin (und das bist du, solange du nicht mehrere Millionen Euro in deinem Aktienportfolio hältst) ist das in der Regel und bei den meisten US-Aktien irrelevant. Bei kleinen, zum Beispiel deutschen Unternehmen ist es jedoch immer wieder vorgekommen, dass Investoren ihre Aktien aufgrund des zu geringen Volumens nicht loswurden. Das heißt für dich: Falls du kleine, exotische Aktien handeln willst, achte immer auf das Volumen, damit du nie auf deinen »gammeligen Erdbeeren« sitzen bleibst. Denn sollte der Aktienkurs fallen, wird es schwieriger, einen Käufer dafür zu finden.

3. Kurs-Gewinn-Verhältnis – Wie weit liegt der Aktienkurs von den Gewinnen entfernt?

Das Kurs-Gewinn-Verhältnis (KGV) ist eine Kennzahl dafür, wie viel Geld Investoren bereit sind, für eine Aktie zu zahlen im Vergleich zu den erzielten Gewinnen des Unternehmens. Sie ist wohl die bekannteste aller Aktienkennzahlen. Vermutlich hast du sogar schon davon gehört. Um das KGV zu berechnen, teilen wir den aktuellen Aktienkurs durch den Gewinn pro Aktie.

Die einfache Formel zur Berechnung des Kurs-Gewinn-Verhältnisses:

KGV = Aktienkurs : Gewinn pro Aktie (EPS)

Du hast im vorherigen Kapitel gelernt: Unternehmen machen Umsatz. Das Geld, das nach Abzug aller Kosten übrig bleibt, ist der Gewinn vor Steuern. Auf diesen Gewinn muss die Firma noch Steuern zahlen. Diese versteuerten Gewinne nennen sich im Englischen »earnings«. Die relevante Kennzahl dazu nennt sich Earnings per share (EPS). Das heißt: Man teilt den Gesamtgewinn des Unternehmens (nach Steuern) durch die Anzahl aller im Umlauf befindlichen Aktien. Möchte ich jetzt wissen, wie oft ich den Gewinn multiplizieren muss, um auf den Aktienkurs zu kommen, verwende ich das KGV. Es gibt Unternehmen mit niedrigem KGV unter 20 und Unternehmen mit höherem KGV über 20.

Beispiele für unterschiedliche KGV:

- Tesla hatte im Jahr 2020 ein KGV über 300 und eine Rendite von mehr als 1200 Prozent in fünf Jahren.
- Die deutsche Lufthansa hatte im Jahr 2022 dagegen ein KGV von 11 und eine Rendite von 43 Prozent in fünf Jahren.
- Apple hat im Jahr 2023 ein KGV von 22 und eine Fünf-Jahres-Rendite von 320 Prozent.

Der Deutsche an sich ist ein bekannter Schnäppchenjäger: Wenn etwas günstig ist, ist die Kauflust groß. Deswegen orientieren sich viele Deutsche bei Aktien an der Höhe des KGV. Der Gedanke »Ich brauche nur günstige Unternehmen mit niedrigem KGV kaufen, dann habe ich clever eingekauft« klingt erst einmal simpel. Dem ist aber meist nicht so. Ich würde meine Aktienauswahl nie nur am KGV ausrichten!

Letztens habe ich eine Instagram-Umfrage unter meinen Followern gemacht und gefragt: »Warum sagt ein kleines KGV nichts über das Unternehmen aus? Was bräuchte man eigentlich?« Niemand wusste die Antwort! Das hat mir gezeigt, dass viele diese Kennzahl zwar kennen, aber sie nicht interpretieren können. Denn die absolute Zahl an sich ist nicht das Wichtigste, sondern es ist das Wachstumspotenzial des Unternehmens, bei dem man schauen muss, wie es sich entwickeln wird. Warum? Weil wir Unternehmen mit steigenden Kursen wollen. Das KGV aber beschreibt nur das Verhältnis, wie weit der Aktienkurs von dem Gewinn (EPS) entfernt ist.

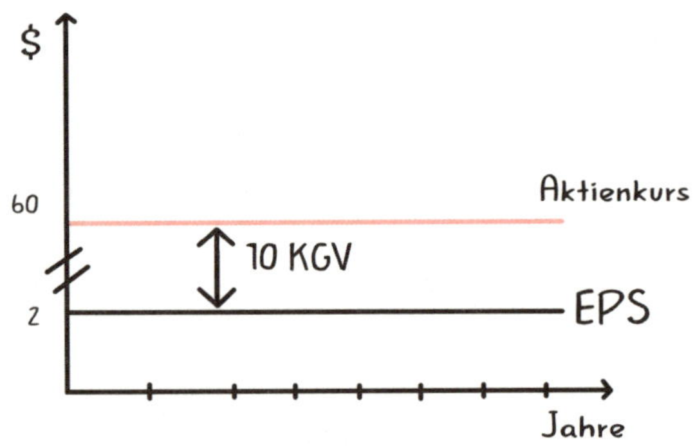

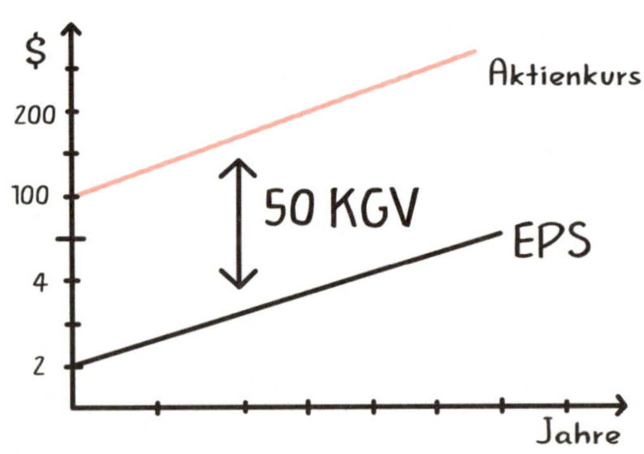

Wie du in den Abbildungen siehst, haben wir unten steigende Gewinne und ein relativ hohes KGV von 50. Oben haben wir ein niedriges KGV von 10, aber kein Wachstum bei den Gewinnen (EPS), dementsprechend auch kein Wachstum im Aktienkurs. Beide Kennzahlen sind aneinandergekoppelt. Sie sind nicht immer ganz parallel, aber du kannst dich daran orientieren. Deswegen achte ich immer auf das Wachstum, aber nie auf die absolute KGV-Kennzahl.

Bildlich gesprochen ist das wie bei einem Burger: Es gibt kleine Burger, sagen wir, einen Hamburger, bei dem nur eine Frikadelle, also eine Scheibe Fleisch, dazwischen liegt. Das ist quasi ein kleines KGV, denn der Abstand zwischen den Brötchenhälften ist klein. Dann gibt es Triple Burger mit Tomate, Salat, Gurken, Zwiebeln und Bacon. Dadurch entfernen sich die Brötchenhälften voneinander: Das wäre ein Unternehmen mit einem hohen KGV. Ohne Gewinne kein KGV, weil ohne Gewinne kein Verhältnis zwischen Gewinnen und Kurs möglich ist. Eine Variable der Rechnung fehlt. In unserem Burgerbeispiel ist das auch so: ohne Brötchen kein Hamburger. Das KGV wird verwendet, um Unternehmen miteinander zu vergleichen und zu sehen, ob eine Aktie relativ teuer oder günstig ist. Dabei muss jedoch bedacht werden, dass das KGV allein nicht ausreicht, um eine Entscheidung über eine Aktieninvestition zu treffen. Es ist ratsam, auch andere Faktoren wie das Wachstumspotenzial des Unternehmens, die Wettbewerbssituation und die allgemeine Marktlage zu berücksichtigen.

4. Wachstum – Wachse, wachse kleine Aktie

Stell dir vor, du kaufst im Gartencenter zwei Bäumchen. Was soll mit ihnen im besten Fall passieren? Du willst, dass sie zu schönen, großen und kräftigen Bäumen heranwachsen, die dir im Garten Schatten spenden und viele leckere Früchte tragen. Sie sollen erst einmal wachsen und groß werden. Und genau das wollen wir auch an der Börse. Vielleicht stellt sich heraus, dass eines der Bäumchen ein Bonsai ist, der winzig klein bleibt und keine Früchte trägt, während der andere zu einem tollen Apfelbaum heranwächst, der riesig wird und jedes Jahr eine große Ernte bringt.

Mit den Bäumchen hört sich das einfach an. Du denkst dir vielleicht sogar, dass man doch einfach einen Bonsai von einem Apfelbaum unterscheiden kann. Wenn du dich aber nicht auskennst und dir bei Bäumen alles fremd ist, dann kannst du das möglicherweise nicht. So ist es auch bei Aktien: Das Wachstumspotenzial ist wichtig. Denn wir brauchen keine Aktien, bei denen wir – wie an einem winzigen Bonsai – stundenlang mit einer winzigen Schere herumschneiden müssen, ohne Ergebnisse in Form von Ernte zu sehen. Nein, wir wollen stattdessen grandiose Aktienunternehmen mit einem stabilen jährlichen Wachstum.

Leider haben viele Deutsche nur Bonsais in ihrem Vermögensdepot, wie Riester-Rente, Lebensversicherungen und Sparbücher. Sind diese Investments Bonsais mit wenig Wachstum oder Apfelbäume mit großem Wachstum und tollen Früchten? Wie kannst du also unterscheiden, ob eine Aktie ein Bonsai oder ein Apfelbaum ist? Schau dir in deiner Liste der Unternehmen, die bei deinen Recherchen weitergekommen sind, das Wachstumspotenzial an. Das heißt, wir wollen, dass der Gewinn, der Umsatz und folglich auch der Aktienkurs unserer Unternehmen kontinuierlich steigen.

Es gibt verschiedene Faktoren, die das Wachstumspotenzial eines Unternehmens beeinflussen können:

1. **Branchenwachstum:** Ist das Unternehmen in einer wachsenden Branche wie Technologie, Künstliche Intelligenz oder erneuerbare Energien?
2. **Produktinnovation:** Entwickelt das Unternehmen innovative Produkte oder Dienstleistungen? Durch die Einführung neuer Produkte, die den Bedürfnissen der Kunden entsprechen oder den Markt revolutionieren, können Unternehmen ihren Umsatz und Gewinn steigern.
3. **Markterweiterung:** Expandiert das Unternehmen in neue Märkte, sei es geografisch oder durch die Erschließung neuer Kundensegmente, kann dies das Wachstumspotenzial steigern. Eine internationale Expansion oder die Erschließung neuer Zielgruppen kann das Umsatzwachstum vorantreiben.
4. **Effizienzsteigerung:** Optimiert das Unternehmen seine Betriebsabläufe und kann es die Effizienz steigern? Dann kann

es auch die Gewinnmargen verbessern. Eine verbesserte Kostenkontrolle, eine höhere Produktivität oder eine bessere Nutzung von Technologien können zu einem nachhaltigen Wachstum führen.

5. **Unternehmenskäufe und Fusionen:** Plant das Unternehmen den Erwerb anderer Unternehmen oder die Fusion mit einem anderen Konzern? So können Wachstumschancen genutzt werden. Dies kann den Zugang zu neuen Märkten, Produkten oder Technologien ermöglichen und das Wachstumspotenzial des fusionierten Unternehmens steigern.

Die Auswahl ist vergleichbar mit einer Ehe: Es ist schon die halbe Miete, wenn man den Richtigen findet. Der Vorteil bei Aktien ist jedoch: Falls du danebengegriffen hast, kannst du dich schnell wieder trennen. Das ist aber ja nicht unser Ziel! Denn wir wollen eine nachhaltige Beziehung führen statt immer auf Tinder abzuhängen. Schau dir deswegen deine Top-Unternehmen ganz genau an und konzentriere dich darauf, dass sie zum einen gute Zahlen liefern und zum anderen auch Lust auf Wachstum haben, dass es Unternehmen sind, die nach den Sternen greifen, statt sich mit dem Status quo zufriedenzugeben. Viele deutsche Unternehmen waren mal erfolgreich und ruhen sich jetzt ganz fatal auf ihren Lorbeeren aus. Du darfst nie vergessen: Entweder ein Unternehmen wächst oder es stirbt. Stillstand gibt es quasi nicht.

Übung

Untersuche deine Unternehmen auf ihr Wachstumspotenzial

Schaue dir die fünf genannten Faktoren an. Google dazu die relevanten Informationen über deine Unternehmen. Setze immer einen Haken, falls der Faktor in deinem Unternehmen zutrifft.

	Unternehmen	Branchenwachstum	Produktinnovation	Markterweiterung	Effizienzsteigerung	Unternehmenskäufe und Fusionen
1						
2						
3						
4						
5						
6						
7						
8						
9						
10						
11						
12						

Wenn du bei einem Unternehmen nirgends ein Häkchen setzen kannst, dann scheint das Wachstumspotenzial nicht groß genug zu sein. Es muss aber nicht alle fünf Faktoren haben: Um im Rennen zu bleiben, reichen drei aus. Warum aber genau wollen wir das wissen? Was passiert mit den Jahren dank eines guten Wachstums? Es entsteht etwas Magisches: der Zinseszinseffekt.

5. Zinseszinseffekt: Das achte Weltwunder

Schon Albert Einstein beschrieb den Zinseszinseffekt als das »achte Weltwunder«, denn es ist ein faszinierendes Finanzkonzept, das die Macht des exponentiellen Wachstums von Geld verdeutlicht.

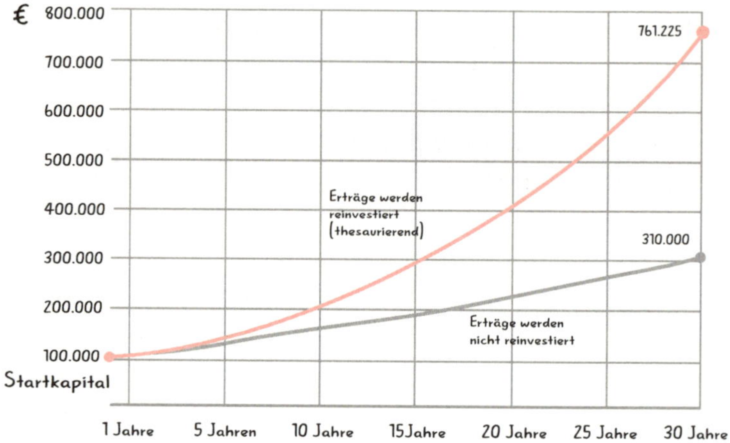

Was ist exponentielles Wachstum?

Wir kennen in der Regel lineares Wachstum, wie bei unseren Haaren oder Fingernägeln. Unsere Haare wachsen monatlich ca. 1 Zentimeter, nicht mehr oder schneller, wenn sie länger sind. Im Gegensatz dazu bedeutet exponentielles Wachstum, dass etwas über die Zeit immer schneller wächst, die Veränderung proportional zur aktuellen Größe ist. Bei Haaren würde das bedeuten: Je länger sie sind, desto schneller wachsen sie. Haare wachsen aber nicht exponentiell, sondern linear. Das kann man hingegen gut bei der menschlichen Vermehrung beobachten: Diese findet exponentiell statt, denn je mehr Menschen es gibt, desto mehr können sich vermehren.

Bei Geld nennt sich dieses exponentielle Wachstum Zinseszinseffekt: Je mehr Geld da ist, desto mehr Geld kann sich vermehren.

Der Zinseszinseffekt ist besonders bei langfristigen Investitionen beeindruckend, denn je länger du dein Geld investierst und je höher deine Renditen sind, desto exponentieller wird das Wachstum. Dein Kapital wächst schneller und schneller, da die Zinsen auf dein bereits erwirtschaftetes Vermögen plus Rendite aufbauen. Wir lernen diesen Effekt zwar schon in der Schule kennen und müssen ihn dort berechnen, aber ich sehe es in meinen Coachings immer wieder: Menschen verstehen ihn nicht wirklich. Sie wissen nicht, was er mit Aktien zu tun hat und wie er bei Aktien zur Geltung kommt. Sie können dessen Macht nicht greifen. Deswegen erkläre ich ihn dir hier noch einmal, denn er ist die Superkraft, die dich richtig reich macht.

Zwei Beispiele

Susi und Linda investieren jeweils 10 000 Euro in Aktien und machen beide über zehn Jahre lang 15 Prozent Rendite jährlich. Um das Beispiel einfacher zu halten, ignorieren wir hier Steuern und Gebühren, die beim Aktienhandel in Deutschland anfallen.

Was passiert mit Susis 10 000 Euro ohne Zinseszinseffekt?

Jahr	Guthaben zu Jahresbeginn	Zinsgutschriften	Neues Guthaben am Jahresende
1	10 000,00	1 500,00	11 500,00
2	10 000,00	1 500,00	11 500,00
3	10 000,00	1 500,00	11 500,00
4	10 000,00	1 500,00	11 500,00
5	10 000,00	1 500,00	11 500,00
6	10 000,00	1 500,00	11 500,00
7	10 000,00	1 500,00	11 500,00
8	10 000,00	1 500,00	11 500,00
9	10 000,00	1 500,00	11 500,00
10	10 000,00	1 500,00	11 500,00
Gesamtsummen	10 000,00	15 000,00	11 500,00

Aus Susis 10 000 Euro werden demnach 11 500 Euro und 15 000 Euro hat sie im Laufe der Jahre ausgegeben.

Was passiert mit Lindas 10 000 Euro dank Zinseszinseffekt (ohne Inflation)?

Jahr	Guthaben zu Jahresbeginn	Zins-gutschriften	Neues Guthaben am Jahresende
1	10 000,00	1 500,00	11 500,00
2	11 500,00	1 725,00	13 225,00
3	13 225,00	1 983,75	15 208,75
4	15 208,75	2 281,31	17 490,06
5	17 490,06	2 623,51	20 113,57
6	20 113,57	3 017,04	23 130,61
7	23 130,61	3 469,59	26 600,20
8	26 600,20	3 990,03	30 590,23
9	30 590,23	4 588,53	35 178,76
10	35 178,76	5 276,81	40 455,58
Gesamtsummen	10 000,00	30 455,58	40 455,58

Aus Lindas 10 000 Euro werden in zehn Jahren über 40 000 Euro, also ca. 15 000 Euro mehr als Susi erwirtschaftet hat.

Was ist das Besondere am Zinseszinseffekt?

In beiden Fällen sind die Frauen hoch motiviert, wählen tolle Aktien aus und machen jährlich 15 Prozent Rendite. Das bedeutet, bei beiden werden aus den investierten 10 000 Euro nach einem Jahr 11 500 Euro. Susi ist super stolz auf sich und denkt sich: »Das ist ja toll, mit dem zusätzlichen Geld kann ich eine Woche mit dem Zelt an die Nordsee.« Sie hebt die 1 500 Euro ab und fährt los.

Linda hat im Gegenzug schon mal vom Zinseszinseffekt gehört und lässt die 1 500 Euro in ihrem Aktiendepot. Das hat zur Folge, dass Linda im darauffolgenden Jahr nicht nur 1 500 Euro Rendite erwirtschaftet, sondern 1725 Euro. Weil Linda 15 Prozent auf die 11500 Euro erhält statt nur auf 10000 Euro. Das heißt, sie hat im zweiten Jahr 225 Euro mehr Gewinn als Susi.

Susi hat sich im letzten Jahr so sehr über den »kostenlosen Urlaub« gefreut, dass sie wieder das Ziel hat, 15 Prozent Rendite zu erreichen. Dieses Mal geht sie von dem Geld shoppen. Sie kauft sich mehrere Outfits und freut sich darüber.

Linda hebt auch im dritten Jahr nichts vom Gewinn ab, sondern konzentriert sich auf ihren Vermögensaufbau. Linda »thesauriert«. Das führt Linda auch die kommenden Jahre so weiter und hebt nichts vom Aktiendepot ab. Nach zehn Jahren sind aus ihren 10000 Euro satte 40455,58 Euro geworden.

Susi hat hingegen kein Vermögen aufgebaut, sondern jährlich ihre 1500 Euro Rendite ausgegeben. Sie hatte Freude am Investieren, aber eben auch am Geldausgeben. Daher hat sie nicht den grandiosen Zinseszinseffekt für sich genutzt.

Beachte!

Susi hat insgesamt in den zehn Jahren 15 000 Euro weniger Zinsen erwirtschaftet als Linda, dafür aber die anderen 15 000 Euro ausgegeben. Daraus ergibt sich eine Differenz von von 30 000 Euro!

Was heißt das für dich?

Du kannst den Zinseszinseffekt für dich nutzen oder auch nicht. Du kannst deine Rendite in deinem Depot lassen oder ausgeben. Ich will nur, dass du verstehst, wie mächtig der Zinseszinseffekt ist und dass die Zeit dir hier in die Karten spielt. Wenn du am Ball bleibst und deine Renditen nicht vom Depot nimmst, kommt der Zinseszinseffekt zum Tragen und beschenkt dich mit viel Geld.

Am Anfang sind es in der Regel nur ein paar Euro, bei denen sich viele Menschen denken: »Das lohnt sich nicht, ich kann es genauso gut abheben und ausgeben.« Doch wie du gesehen hast, ist das ein Irrglaube. Der Zinseszinseffekt zeigt sich erst nach einigen Jahren – dann aber mit Wucht. Lass dir dieses Glücksgefühl nicht entgehen! Bist du dir der Macht des Zinseszinses jetzt bewusst?

Übung

Erstelle dir deine eigene Zinseszinsrechnung

Nur wenn du die Zahlen kennst, wird dir das Potenzial der Börse greifbar. Berechne also deine eigenen Möglichkeiten, damit du motiviert bist, anzufangen und dranzubleiben. Gehe dafür wieder wie im 4. Kapitel auf www.zinsen-berechnen.de und klicke den Sparrechner an. Trage dazu dein für dich mögliches Startkapital und deine monatlich mögliche Sparrate ein. Wenn du das 6-Konten-Modell nutzt, sind das mindestens 10 Prozent deines Nettoeinkommens. Berechne, wie hoch der Zinseszins mit deiner Wunschrendite ist, nimm mindestens 15 Prozent.

Wichtig: Anders als im 4. Kapitel lässt du dir jetzt zwei Möglichkeiten anzeigen. Einmal klickst du beim Reiter Zinseszins auf: »Ja, Zinsansammlung« und einmal auf »Nein, Zinsauszahlung«. Du kannst die Ansparzeit frei wählen, aber nimm bitte nicht weniger als 10 Jahre.

Schreibe auf: Welche Zahlen ergeben sich bei dir mit und ohne Zinseszinseffekt?

Ohne Zinseszinseffekt:

Mit Zinseszinseffekt:

6. Aktienpreis

»Hauptsache billig!?« – erinnerst du dich noch an den bekannten Spruch aus dem 7. Kapitel? Nicht nur bei Produkten lieben viele Menschen dieses Motto, sondern auch bei Aktien. Das ist jedoch gefährlich und viel zu kurz gedacht. Warum? Bei einer Aktie sehen wir nicht auf den ersten Blick, was wir wirklich dafür bekommen. Im Endeffekt ist deren gute Entwicklung viel wichtiger. Denn was bringt dir eine 100-Euro-Aktie, die zehn Jahre lang bei 100 Euro stagniert? Wäre es nicht besser, eine Aktie für 1 000 Euro zu kaufen, aus der im selben Zeitraum 2 000 Euro werden? Ich möchte damit nicht sagen, dass eine Aktie unbedingt 1 000 Euro kosten muss, aber lass dich von ihrem Preis nicht beeinflussen. Du kannst gerne eine tolle Aktie für 10 Euro kaufen, die in zehn Jahren 500 Prozent Rendite macht und zu 60 Euro wird. Es gibt auch Aktien, die weniger als 1 Euro bzw. 1 US-Dollar kosten, die sogenannten »Pennystocks«. Sie sind immer wieder in aller Munde. Es gibt keine feste Definition für den genauen Preis, der eine Aktie zu einem Pennystock macht, und sie werden eher als riskante Anlagen angesehen, da die Unternehmen oft mit geringerer Liquidität und geringeren finanziellen Ressourcen verbunden sind. Die Aktie schwankt zudem oft stark. Ich persönlich handle nicht damit.

Beachte!

Der Preis pro Aktie ist nicht immer ein Maß für die Qualität oder den Erfolg eines Unternehmens. Es gibt ebenso Unternehmen mit niedrigen Aktienkursen, die solide und wertvolle Unternehmen sind, wie Unternehmen mit hohen Aktienkursen, die überbewertet sein können. Daher sollten deine Investitionsentscheidungen nicht auf dem Preis pro Aktie basieren, sondern erfordern eine sorgfältige Analyse und Bewertung des gesamten Unternehmens und seiner Zukunftsaussichten.

Zusammenfassung

In diesem Kapitel geht es darum, welche zusätzlichen Check-ups und Kennzahlen beim Investieren an der Börse wichtig sind:

- **Marktkapitalisierung:** Sie gibt Auskunft darüber, wie groß ein Unternehmen an der Börse ist und wie viel es insgesamt wert ist. Sie ist ein wichtiger Indikator für das Vertrauen der Investoren in ein Unternehmen.
- **Volumen:** Es zeigt, wie viele Aktien eines Unternehmens täglich gehandelt werden. Es ist wichtig, das Volumen zu berücksichtigen, um die Liquidität und Handelbarkeit einer Aktie einzuschätzen.
- **Kurs-Gewinn-Verhältnis (KGV):** Es vergleicht den Aktienkurs eines Unternehmens mit dem Gewinn pro Aktie. Wichtiger als das KGV ist aber das EPS-Wachstum.
- **Wachstum:** Dieses Potenzial ist entscheidend für langfristigen Erfolg. Es wird von Faktoren wie Branchenwachstum, Produktinnovation, Markterweiterung, Effizienzsteigerung und Akquisitionen/Fusionen beeinflusst.
- **Zinseszinseffekt:** Er beschreibt die exponentielle Vermehrung des Kapitals durch die Wiederanlage von Gewinnen oder Zinsen. Er spielt bei langfristigen Investitionen eine wichtige Rolle.
- **Aktienpreis:** Er kann stark variieren und sagt nichts über die Qualität des Unternehmens aus.
- **Pennystocks:** Das sind Aktien mit niedrigem Börsenwert und Aktienkurs. Sie gelten als riskante Anlagen aufgrund geringerer Liquidität und höherer Volatilität.

Es ist wichtig, diese Check-ups und Kennzahlen zu verstehen und zu berücksichtigen, um eine fundierte Aktienanalyse durchzuführen. Eine alleinige Fokussierung auf bestimmte Kennzahlen oder Begriffe reicht jedoch nicht aus, erst eine ganzheitliche Bewertung von Unternehmen und die Berücksichtigung weiterer Faktoren sind entscheidend für erfolgreiche Investitionen.

10. KAPITEL

Notenlesen an der Börse

Technische Analyse

Kennst du das? Es gibt Starmusiker, die ganz virtuos und ohne Notenblatt ihr Instrument beherrschen und die schönsten Lieder frei spielen können. Schauen wir uns doch aber mal ein Orchester an: Da sitzen die Berufsmusiker vor ihren Notenblättern. Warum merke ich das hier an? Noten, Buchstaben und Aktienkurse sind miteinander vergleichbar. Sie sind dafür da, um Informationen einfach darzustellen und für alle zugänglich zu machen. Deswegen lade ich dich unbedingt dazu ein: Lerne, wie man Aktiencharts liest, und profitiere von dem Wissen darin. Meiner Meinung nach ist es viel einfacher als Notenlesen, da es sehr intuitiv ist.

Dazu eine Geschichte aus meinem Alltag: Zu Beginn der letzten Sommerferien, habe ich meinen Töchtern Blockflöten gekauft, weil sie endlich einen Platz in der Musikschule ergattert hatten. Da der Kurs jedoch erst nach den Ferien beginnen sollte, dachte ich mir, wäre es keine schlechte Idee, schon mal ein Anfängerbuch mitzunehmen und mit ihnen die ersten Töne zu spielen. Schließlich hatten meine Eltern viel Geld während meiner Schulzeit für einen Gitarrenlehrer ausgegeben, und auch wenn aus mir leider keine Virtuosin wurde, so konnte ich doch immerhin Noten flüssig lesen und vom Notenblatt spielen. Nun aber saß ich mit meinen Töchtern vor dem Notenständer und konnte nur noch das c auf dem Notenblatt lesen. Die erste Übung, für die man lediglich zwei Finger auf der Flöte brauchte, ging jedoch mit einem h los.

Notenlesen an der Börse (technische Analyse)

Hätte der Buchstabe nicht über den Notenlinien gestanden, hätte ich nicht mehr gewusst, welche Note das h ist. Ein Notenschlüssel, fünf Linien und ich wusste gar nicht mehr, welcher Punkt welche Note war. Das wird dir bei Aktien nicht passieren! Aktiencharts sprechen eine so einfache und klare Sprache, dass du ganz simpel Aufwärts-, Seitwärts- und Abwärtstrends erkennen wirst.

In diesem Kapitel gehe ich daher auf die wichtigsten Grundlagen der sogenannten technischen Analyse ein, eine Methode zur Bewertung von Aktien, die auf historischen Kursbewegungen basiert. Ihr Ziel ist es, zukünftige Aktienbewegungen mithilfe der Analyse der Daten der Vergangenheit vorherzusagen. Es gibt ganze Bücher darüber, aber ich finde zu viele Informationen verwirrend und für den Anfang nicht notwendig. Du sollst schließlich nicht zur Trade-Virtuosin werden, sondern mit Freude an der Börse investieren und grandiose Renditen einheimsen.

Wie lese ich einen Aktienchart?

Wie schon im 1. Kapitel erklärt, wird ein Aktienchart immer mit einem xy-Diagramm dargestellt. Die ganze Wissenschaft um den Aktienkurs nennt sich in der Börsensprache »technische Analyse«.

Die x-Achse, also die waagerechte Linie, ist die Zeitachse; die senkrechte Linie, die y-Achse, ist der Kurswert bzw. der Aktienpreis. Hierbei musst du nur beachten, dass die x-Achse unterschiedliche Zeiträume darstellen kann: Tag, Monat, ein Jahr, fünf Jahre oder auch die gesamte Laufzeit seit Börsengang. Du kannst dir mithilfe von diversen Onlineangeboten deine Aktien genau und tagesaktuell anschauen, wie mit der kostenlosen Internetseite TradingView. Prinzipiell kannst du dir den Aktienchart auch bei deinem Online-Broker anschauen, aber das ist oft weniger übersichtlich und genau. Erstelle dir deswegen, wenn du es nicht bereits erledigt hast, ein kostenloses Konto auf www.tradingview.com und schaue dir deine Top-Unternehmen an.

Anhand der bereits mehrfach erwähnten Apple-Aktie schauen wir uns jetzt gemeinsam einen Aktienchart bzw. deren kompletten Zeitverlauf an. Das ist immer spannend und du bekommst ein gutes Gefühl für die Entwicklung des Unternehmens. Wie hat sich also die Apple-Aktie seit ihrem Börsengang 1981 entwickelt?

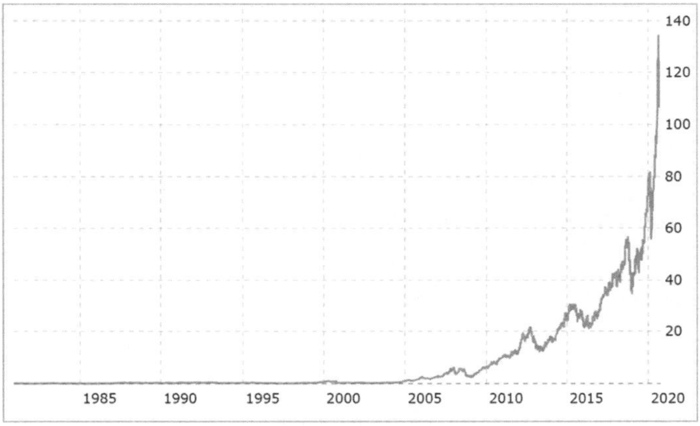

Wenn wir uns den abgebildeten Chart anschauen, sehen wir auf der waagerechten x-Achse den Zeitverlauf von 1980 bis 2020, auf der senkrechten y-Achse den Kurswert bzw. den Preis pro Aktie.

Hier von 0 bis 140 US-Dollar (2023: 180 US Dollar). Es sieht auf dem Bild so aus, als wäre in den ersten 30 Jahren, also von 1980 bis 2010, kaum etwas mit dem Aktienpreis passiert, als wäre die Aktie erst seit 2010 explodiert. Aber das Bild täuscht. Warum ist das so? Warum sieht es so aus, als wäre ewig nichts passiert und dann explodiert? Ganz einfach: Das ist der Zinseszinseffekt und das exponentielle Wachstum. Wir haben das im vorherigen Kapitel als »achtes Weltwunder« kennengelernt. Der Zahlenverlauf auf der y-Achse wird linear dargestellt, das heißt, jede Zahl hat den gleichen Abstand zueinander. Im Folgenden ein einfaches Beispiel zur Verdeutlichung:

1. Wenn du als Investorin 1 Euro anlegst und deine Aktie 10 Prozent Rendite macht, dann hast du 10 Cent Gewinn gemacht. Auf der y-Achse bemerkt man kaum eine Kursveränderung.
2. Wenn du stattdessen 100 Euro anlegst und bei 10 Prozent Rendite 10 Euro Gewinn machst, dann ist das absolute Wachstum hier viel größer, weil größere Zahlen natürlich größere Bewegungen machen. Auf der y-Achse sieht man deine Kursveränderung eindeutig. Bei beiden Investments haben wir 10 Prozent Rendite erreicht, aber der Sprung auf der senkrechten Achse ist bei 10 Euro deutlich größer als bei 10 Cent. Weil die Aktie in den ersten Jahren nur ein paar Euro kostet, ist das absolute Wachstum nur so gering, erst wenn die Aktie teurer wird, springt der Kurs so hoch.

Es gibt aber auch eine sehr gute Darstellungsmöglichkeit, bei der wir eindeutig erkennen können, ob sich die Aktie über die Jahre gleichbleibend entwickelt hat, also jedes Jahr etwa 10 Prozent Rendite gemacht hat. Das ist die **logarithmische Darstellung**.

Was bedeutet »logarithmisch«?

Logarithmisch bedeutet, dass der Abstand zwischen 1 und 10 genauso groß ist wie zwischen 10 und 100 sowie wie zwischen 100 und 1000. Denn prozentual ist das immer die gleiche Wachstumsrate: Wenn dein Depot von 100 000 auf 1 000 000 Euro wächst, sind das 1 000 Prozent Rendite. Wenn dein Depot dann von 1 000 000 auf 10 000 000 Euro wächst, sind das ebenfalls 1 000 Prozent Rendite. Daher kommt auch der Spruch von Multimillionären: Der Weg zur ersten Million ist der schwerste. Das ist simple Mathematik und die Macht der großen Zahlen. Der Ausdruck »Reiche werden immer reicher« hat diese mathematische Begründung. Wenn du schon 1 000 000 Euro hast und 100 Prozent Rendite erzielst, hast du 2 000 000 Euro. Wenn du allerdings nur 10 000 Euro hast und damit genauso viel Rendite machst, hast du »nur« 20 000 Euro.

Lass uns noch einmal die Apple Aktie anschauen: Du kannst mit einem Knopfdruck bei TradingView von der linearen Achse in die logarithmische Achse wechseln. Wir sind auf der Suche nach Aktien, die in der langfristigen Performance stabil steigen. Daher schauen wir uns immer die komplette Laufzeit in der logarithmischen Darstellung an. Wenn du dir die Langzeitperformance deiner Unternehmen anschaust, achte auf ein ruhiges und stetiges Wachstum in der logarithmischen Darstellung. Kurze Zeiträume schaust du dir in der linearen Darstellung an.

Die Apple-Aktie sieht auf einer linearen Achse im Juli 2023 wie folgt aus:

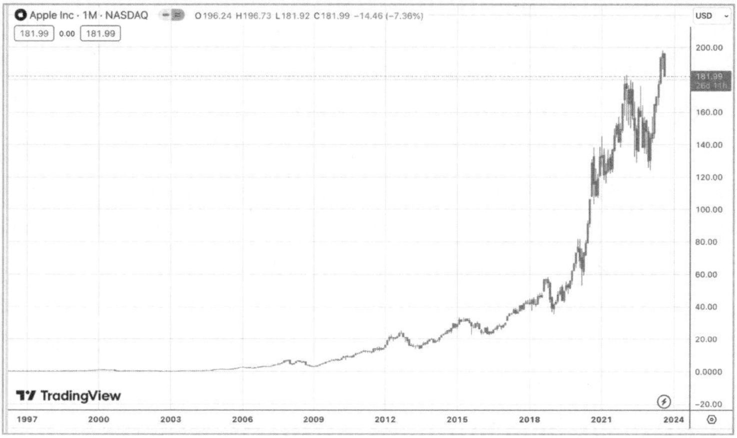

Auf einer logarithmischen Achse sieht sie im Juli 2023 aber wie folgt aus:

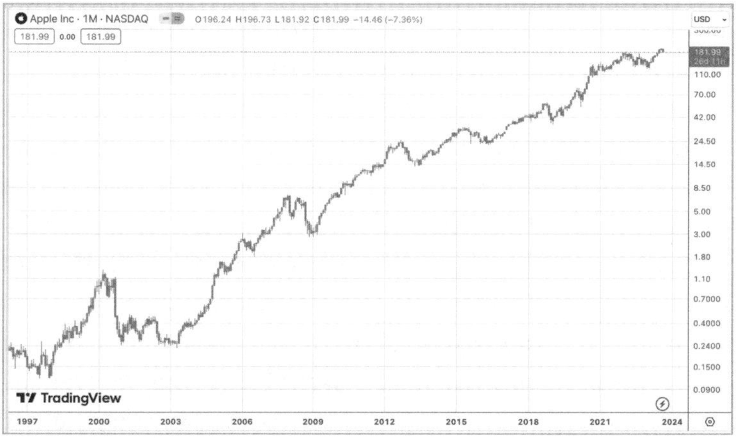

Es handelt sich bei beiden Abbildungen um die Apple-Aktie und um denselben Zeitraum. Dennoch unterscheidet sich der Chartverlauf deutlich, denn die logarithmische Achse zeigt uns viel besser, ob die Aktie konstant gewachsen ist oder nicht. Wir erkennen auch die starke Korrektur während der Dotcom-Blase im Jahr 2000, die man auf der linearen Abbildung gar nicht sieht. Wenn du dir Wachstumsunternehmen anschaust und du dich für die komplette Laufzeit der Aktie interessierst, schaue dir immer auch die logarithmische Darstellung an, um ein stetiges Wachstum der Aktie zu erkennen. Wenn du dir ein stark wachsendes Unternehmen nur in der linearen Darstellung anschaust, gehen dir viele Informationen verloren. Die ersten Jahre verschwimmen, das ist dann wie eine »Black Box«, bei der du nicht erkennen kannst, was genau passiert ist.

Volatilität – Wie stark darf dein Aktienchart schwanken?

Ich hoffe, du hast inzwischen eine Auswahl an tollen Wachstumsunternehmen getroffen. Was du dabei vermutlich nicht möchtest: einen Aktienkurs, der heute um 30 Prozent steigt, aber morgen um 30 Prozent fällt. Du willst mit deinem Geld keinen irren Ritt auf einer Achterbahn mitmachen, sondern stetiges Wachstum erleben. Selbst wenn du gerne Abenteuer magst und schnelle Autos fährst, so brauchst du für langfristigen Erfolg an der Börse Kontinuität und Stetigkeit.

Hier kommt die Volatilität, also die Schwankungsbreite des Aktienkurses, ins Spiel. Es gibt auch eine Kennzahl, die das beschreibt. Sie nennt sich **Beta-Faktor** (β). Diese Kennzahl hilft uns zu verstehen, wie stark eine Aktie im Vergleich zum gesamten Aktienmarkt schwankt. Wie du bereits weißt, sprechen wir vom S&P 500, wenn wir vom Aktienmarkt sprechen. Dieser hat einen Betafaktor von 1 und an diesem Index orientiert man alle anderen Aktien. Wenn eine Aktie einen höheren Betafaktor als 1 hat, bedeutet das für dich, dass die Aktie mehr schwankt als der

S&P 500. Hat sie einen von 0,5, ist die Schwankungsbreite nur halb so groß wie die des Marktes. Für den Anfang würde ich keine Aktie nehmen, deren Betafaktor über 2,5 liegt, da in der Regel hier viel Bewegung im Aktienkurs stattfindet, was einen Aktienneuling verunsichern kann, denn eine stark schwankende Aktie fühlt sich womöglich wie ein wildgewordenes Rodeo an, bei dem du nicht mehr weißt, was du tun sollst. Zudem braucht es etwas Übung, um bei stark schwankenden Aktien abschätzen zu können, wie sich der Aktienkurs weiter entwickeln wird, ob es also ein nachhaltiges Investment ist.

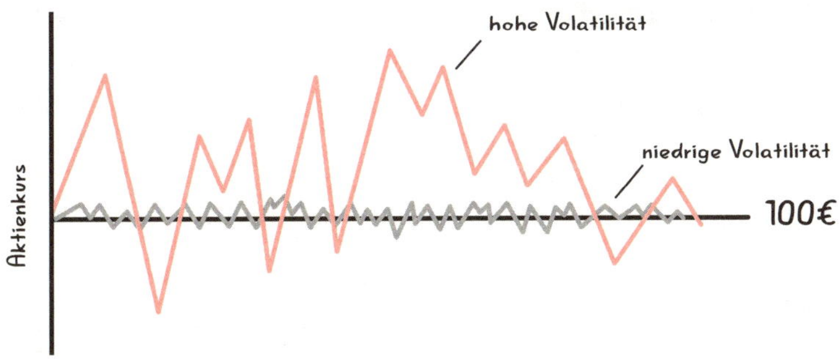

Die Höhe des Betafaktors findest du für deine Unternehmen im Internet über deine Suchmaschine heraus. Da der Betafaktor natürlich ebenso schwankt wie der Rest der Daten, ist es sinnvoll, sich die Aktienkurse immer wieder anzuschauen. Eine wenig volatile Aktie kann sich zu einer hoch volatilen entwickeln – und anders herum. Je länger du an der Börse aktiv bist, desto offener bist du vielleicht dafür, auch in volatilere Unternehmen einzusteigen. Mit der Zeit findest du heraus, womit du dich als Investorin am wohlsten fühlst. Diese Kennzahl ist nicht essenziell. Ich möchte aber, dass du sie kennst und dass du verstehst, dass es ebenso unterschiedliche Aktien wie unterschiedliche Menschen gibt: die ruhigen und die wilden. Die Frage hier lautet einzig: Mit wem kommst du besser zurecht?

»Advent, Advent, ein Lichtlein brennt«: Warum brauchen wir Kerzen im Aktienchart?

Viele Menschen schauen sich den Aktienchart als Linie an, nicht aber wir Profis! Der Linienchart ist die einfachste Darstellungsweise, das reicht für richtige Investorinnen aber nicht. Dafür musst du »Kerzen« lesen können. Häufig wird in der Börsenwelt der englische Begriff *candle stick* verwendet, weil die kleinen Balken wie Kerzen mit Docht aussehen, wie die nachfolgende Grafik zeigt.

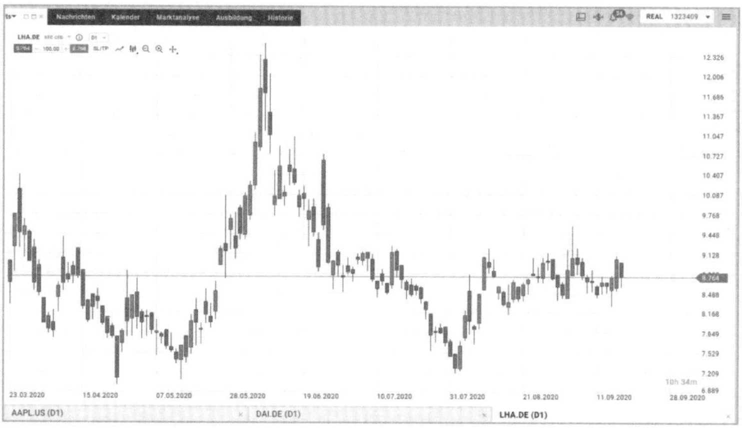

Die Kerzen liefern dir als Investorin genauere Informationen über die Aktie, deswegen solltest du sie zur Kenntnis nehmen und für dich nutzen. Nehmen wir diese Abbildung als Beispiel. Folgendes kannst du erkennen: Die Aktie verläuft relativ unbeständig und die Kerzen sind teilweise sehr groß. Ich würde aufgrund dieses unruhigen Verlaufs nicht in diese Aktie einsteigen: Große Kerzen bedeuten hohe Schwankungen. Das musst du als Investorin erst einmal aushalten lernen. Besonders als Anfängerin ist es wichtig, sich auf solide Investments zu fokussieren. Schwankungen sind an der Börse normal, aber du musst dich nicht sofort in eine Waschmaschine begeben und komplett durchgeschleudert werden, bis dir schlecht wird.

Wie liest du »candle sticks«?

Die Kerze bildet immer einen bestimmten Zeitverlauf ab: Es gibt Stunden-, Tages-, Wochen- und Monatskerzen. Ich schaue mir meist Tageskerzen an, außer ich möchte mir das Investment über fünf Jahre und länger anschauen, dann nutze ich Wochenkerzen. Kürzer als Tageskerzen schaue ich mir nie an, weil ich nie so kurzfristig investiere. Grundsätzlich kannst du dir merken, dass deine Kerze zu deinem Anlagehorizont passen muss. Jeden Tag eröffnet die Börse neu, das ist unser Eröffnungskurs. Über den Tag hinweg bewegt sich der Kurs hoch und runter. Wenn die Börse schließt, gibt es einen Schlusskurs.

Wenn die Kerze grün ist (hier ist sie weiß dargestellt), wissen wir, dass sie unten an ihrem Kerzenkörper eröffnet und oben an einem höheren Kurswert geschlossen hat. Während des Tages hat der Kurswert Ausschläge gemacht, die die Dochtlänge widerspiegeln. So wie in der folgenden Abbildung dargestellt:

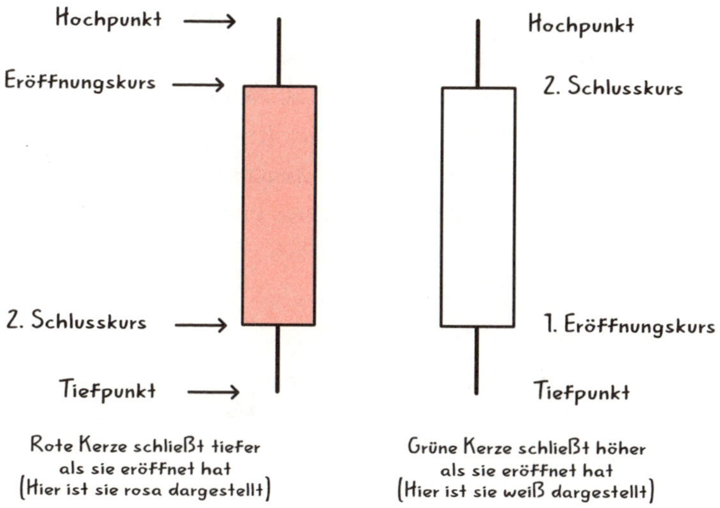

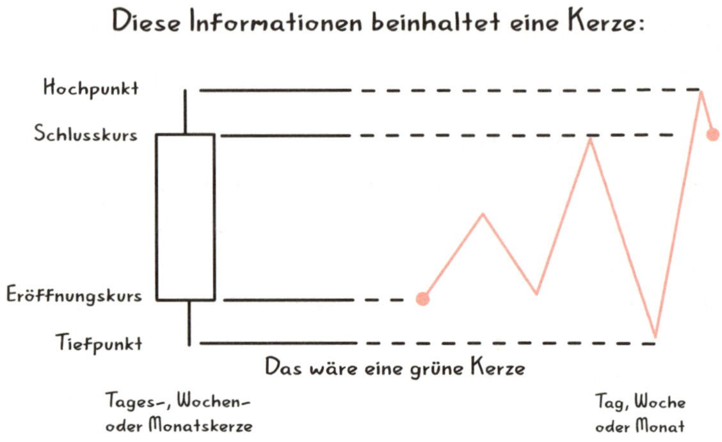

Bei roten Kerzen liegt der Schlusskurs einfach nur unter dem Eröffnungskurs. Eine rote Kerze heißt also nicht gleich, dass der Kurs abgestürzt ist. Es kann auch bei einem Aufwärtstrend rote Kerzen geben, und bei einem Abwärtstrend grüne Kerzen. Die Farbe ergibt sich nur daraus, dass bei grünen Kerzen der Kurs tiefer eröffnet hatte, als er dann schloss. Das heißt, über den Tag ist die Aktie gestiegen.

In der Chart-Technik gibt es unterschiedliche Namen für unterschiedliche Kerzenkörper. Ich möchte in diesem Buch aber nicht genauer darauf eingehen, weil es meiner Meinung nach nicht sonderlich viel weiterhilft. Jedoch hilft es, wenn man sich anschaut, ob es große oder kleine Kerzen gibt. Erstere sprechen für eine höhere Volatilität und ein höheres Risiko, während Letztere für einen stetigen Trend, also ein ruhigeres Investment sprechen.

Kurze Zusammenfassung

Die Kerzencharts stellen dir die Informationen über die Preisbewegungen einer Aktie kompakt dar. Jede Kerze repräsentiert einen bestimmten Zeitabschnitt, wie einen

Tag oder eine Woche, und enthält Informationen über den Eröffnungs-, Hoch-, Tief- und Schlusskurs. Es mag anfangs ungewohnt für dich sein, die Kerzen zu »lesen«, aber mit der Zeit wirst du dich daran gewöhnen und bekommst durch das Kerzenlesen ein Gefühl dafür, ob der Aktienmarkt gerade ruhig läuft oder volatil ist.

Welche technischen Indikatoren brauchst du noch?

Viele Menschen sehen an der Börse oft den bekannten Wald vor lauter Bäumen nicht. Der folgende technische Indikator hilft uns daher dabei, den Trend der Aktie zu erkennen. Wie ich dir im 5. Kapitel erklärt habe, gibt es Bullen- und Bärenmärkte. Du musst also wissen, ob sich der Aktienmarkt gerade im Aufwärts-, Seitwärts- oder Abwärtstrend befindet. Der amerikanische Leitindex S&P 500, der die 500 größten amerikanischen Unternehmen beinhaltet, ist ein wichtiges Börsenbarometer. Diesen Index lässt du dir bei TradingView anzeigen. Der Ticker für den Index lautet »SPX« und der für den ETF des S&P 500 »SPY«. Falls du in deutsche Unternehmen investierst, schaust du dir auf dieselbe Weise den DAX an. Er ist der Leitindex für Deutschland und somit der Taktgeber für deutsche Aktien.

Warum aber schauen wir uns den gesamten Aktienmarkt an? Der Markt gibt meistens die Richtung vor. Wenn der Markt fällt, fallen auch die meisten Unternehmen – ob sie im Index sind oder nicht. Steigt der Leitindex dagegen, steigen die meisten Unternehmen auch. Weltweit gesehen orientieren sich die meisten Indizes an Amerika. Dieses Wissen ist wichtig, denn viele glauben fälschlicherweise, ihr Unternehmen agiere losgelöst vom Markt. Das erkennt man gut, wenn man die Aktien wie in der nachfolgenden Grafik übereinanderlegt – sie folgen einem gleichen Trend.

Konjukturzyklen

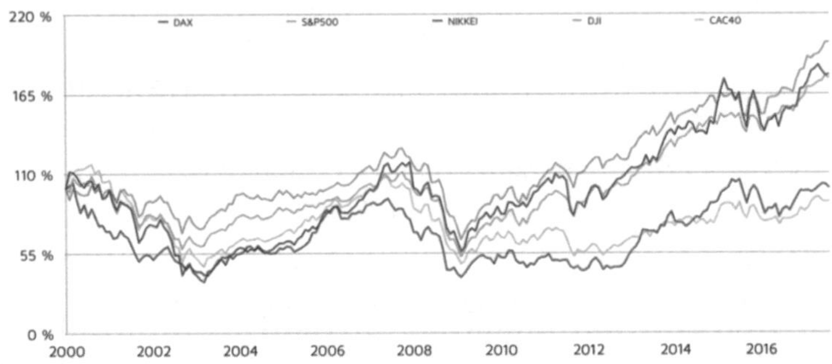

Hier siehst du den DAX für Deutschland, den S&P 500 und Dow Jones (DJI) für Amerika, den NIKKEI für Japan und den CAC 40 für Frankreich. Wenn der amerikanische Markt crasht, dann tun dies auch die anderen Märkte. Deswegen ist es wichtig, dass du einen Crash erkennst und handelst, statt zu glauben, dass dir eine Diversifikation in verschiedenen Ländern helfen würde. Hier helfen nur ein Ausstieg und ein Verkauf der Aktien. Darauf gehe ich ganz zum Schluss des Buches noch einmal ein.

Der Indikator »gleitender Durchschnitt«

Dieser Indikator ist dafür da, die Aktienkurse optisch zu **glätten,** um einen Trend besser zu erkennen. Wenn du dir Aktienkurse anschaust, kommt es dir womöglich so vor, als wäre es ein ständiges Auf und Ab. Manchmal ist das auch so, oft aber nicht, denn meistens bewegt sich der Kurs in eine bestimmte Richtung. Du musst nur erkennen lernen, in welche, damit du besser unterscheiden kannst, ob es eine normale Schwankung ist oder ob der Kurs gerade *crashed,* also zusammenbricht. Dafür kannst du den »gleitenden Durchschnitt« (abgekürzt »GD«) benutzen. Von diesem Indikator gibt es unterschiedliche Längen, abhängig von deinem Anlagehorizont. Wir benutzen hier den 200-Tage-GD. Er wird berechnet, indem die Schlusskurse der letzten 200 Tage aufaddiert werden und diese Summe dann durch 200 (Tage) geteilt wird. So erhalten wir den Mittelwert, also den Durchschnitt dieser Zeitperiode. Es gibt wie gesagt unterschiedliche gleitende Durchschnitte. Um es einfach zu halten, spreche ich hier nur vom 200-Tage-GD. In meiner Aktienausbildung arbeiten wir mit mehreren GDs, weil das noch genauer ist, aber eben auch ein bisschen komplizierter. Der 200er-GD ist meiner Meinung nach der relevanteste Durchschnitt. Damit du nun siehst, ob am amerikanischen Aktienmarkt aktuell der Bulle oder der Bär steppt, lässt du dir den 200er-GD in TradingView anzeigen. Du musst dafür nur die GD-Länge auf 200 anpassen.

So wie folgt sah der Chart des S&P 500 im Juli 2023 bei TradingView aus:

In der Abbildung erkennst du den 200er-GD als graue Linie, die sich in der Regel unterhalb des Chartverlaufs an den Aktienkurs anschmiegt. Warum ist das so? Der Indikator zeigt dir den Durchschnittspreis der Aktie der letzten 200 Tage an. Wenn der Kurs in der Zeit immer höher gestiegen ist, liegt der gleitende

Durchschnitt **unter** dem Aktienkurs. Denn die Summe aus den Schlusskursen der letzten 200 Tage ist natürlich geringer als der aktuelle Aktienkurs. Ist der Kurs dagegen im Verlauf der letzten 200 Tage rapide gefallen, so liegt der gleitende Durchschnitt über dem aktuellen Aktienkurs.

So bleibt's im Kopf

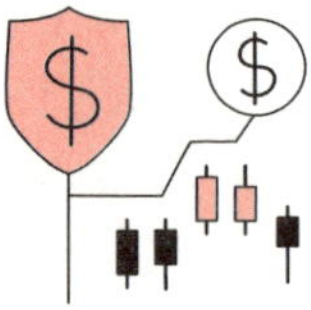

1. Bewegt sich die Linie des GD nach oben oder nach unten?

2. Liegt die Linie über oder unter dem aktuellen Aktienpreis?

Wenn sich die Linie des 200er-GD nach **oben bewegt** und der aktuelle **Aktienpreis oberhalb der GD-Linie** liegt, ist alles gut. Wir befinden uns dann in einem Aufwärtstrend.

Wenn sich die Linie des 200er-GDs allerdings nach **unten bewegt** und der aktuelle **Aktienpreis unterhalb der GD-Linie** liegt, ist Vorsicht geboten. Denn dann befinden wir uns in einem Abwärtstrend oder sogar in einem Crash.

Wenn der 200er-GD sich **seitwärts** bewegt und der aktuelle **Aktienkurs unterhalb der GD-Linie** liegt, dann solltest du ebenso achtsam sein, weil dann unklar ist, wie sich der Markt entwickeln wird.

Du kannst dir nicht nur im gesamten Markt den gleitenden Durchschnitt ansehen, sondern natürlich auch für jedes beliebige Unternehmen. Mithilfe des 200er-GD steigst du als Investorin nicht ganz perfekt in einen Aktienkurs ein oder aus, aber das ist auch nicht möglich. Im absoluten Idealfall würdest du am Höchstpunkt aussteigen und am Tiefpunkt wieder einsteigen. Davon träumen viele Anleger, aber das wäre, als könnten wir die Lottozahlen voraussagen. Dieser Indikator hilft dir schlicht bei der Einschätzung, was an der Börse gerade los ist, ob du aktiv werden musst und Aktien verkaufen solltest oder ob du entspannt bleiben darfst und deinem Depot beim Wachsen zuschauen kannst. Wenn der Aktienkurs auf den 200er-GD zurückfällt und dann wieder steigt, handelt es sich um eine normale Korrektur. Wenn der Aktienkurs allerdings unter den GD fällt, musst du aufpassen, denn dann kann der Trend wechseln.

Zu Beginn der Corona-Pandemie im März 2020 stieg ich beispielsweise mit meinem gesamten Portfolio aus dem Aktienmarkt aus: Ich verkaufte alle Aktien und investierte nicht mehr an der Börse. Der Markt war mir zu unberechenbar und die Kurse waren unter den 200er-GD gefallen. Der Ausstieg aus dem Aktienmarkt in so turbulenten Phasen hat auch den Vorteil, dass man ganz entspannt den Markt beobachten kann. Dieser hat sich schnell wieder erholt, daher bin ich im Juni 2020 wieder eingestiegen. Obwohl die Lage in der Presse immer noch dramatisch war, war an der Börse der Bullenmarkt zurückgekehrt. Das liebe ich an der technischen Analyse. Sie ist komplett emotionslos und spricht eine klare Sprache, damit du weißt, wie du reagieren sollst. Es ist nicht so wichtig, auf den Tag genau zu reagieren. Manchmal bewegt sich der Kurs um den gleitenden Durchschnitt herum, dann kann man auch ein paar Tage abwarten, bis sich eine klare Richtung erkennen lässt.

Vorteile des aktiven Investierens

Viele fragen mich, warum ich nicht die »Buy and hold«-Strategie fahre und immer im Markt investiert bleibe, sondern regelmäßig meine Investments mithilfe der technischen Analyse überprüfe und nur in Aufwärtsphasen investiere. Das hat mehrere Gründe. Zum einen schützt die technische Analyse vor großen Verlusten, denn man hat immer eine klare Exitstrategie, das heißt, man steigt aus der Aktie aus, wenn eine bestimmte, vorher festgelegte Grenze erreicht ist. Du kannst dir den Indikator gleitender Durchschnitt außerdem wie ein Thermometer vorstellen: Es hilft dir dabei, zu entscheiden, was du anziehen sollst. Wenn es zudem geschneit hat, weißt du auch, dass du dein Auto mit den Sommerreifen lieber stehen lässt.

An der Börse ist das nicht so einfach. Du fühlst nicht wirklich, wo der Markt steht. Du musst die Information, ob wir im Bullen- oder Bärenmarkt sind und ob deine Aktie im Aufwärts- oder Abwärtstrend ist, am Chart ablesen können. Und hier hilft dir der gleitende Durchschnitt.

Schauen wir uns doch mal die zwei Aktien von Tupperware und Fossil an. Wir haben schon in der fundamentalen Analyse gesehen, dass sie auf dem absteigenden Ast sind, aber wann hätten wir das in der technischen Analyse erkannt?

Fossil

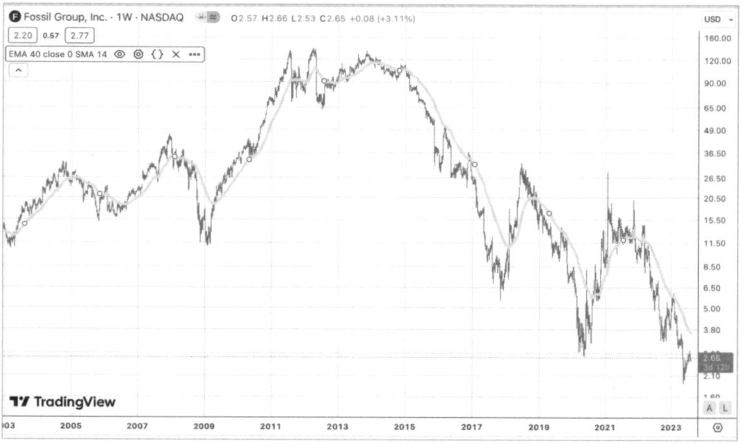

Den gleitenden Durchschnitt siehst du hier als helle Linie. Der Zeitraum umfasst 20 Jahre, daher sieht man hier Wochen- statt Tageskerzen. Folglich ist der GD nicht auf 200, sondern 40 eingestellt. 40 Wochen haben fünf Handelstage und ergeben damit auch 200 Tage (40 × 5). Wie du in der Abbildung erkennst, kippt der Aufwärtstrend im Jahr 2014. Spätestens 2015 wärst du schon nur aufgrund der technischen Analyse ausgestiegen. Wie du aus dem 8. Kapitel weißt, macht Fossil seit 2017 Verluste. Du wärst nicht einmal (wieder) eingestiegen, als die Aktie 2018 sich ein bisschen erholte und nach oben ging. Die technische und die fundamentale Analyse passen in diesem Fall wunderbar zusammen. Das ist nicht immer so, aber häufig, deswegen würde ich immer beide durchführen.

Beachte!

Die Einheit der Kerzen bestimmt die Einheit der gleitenden Durchschnitte. Hast du Tageskerzen, entspricht der GD 200 auch 200 Tagen. Hast du dagegen Wochenkerzen, entspricht der GD 200 dann auch 200 Wochen, also 1 000 Tagen! Was auch ein spannender Indikator ist.

Tupperware

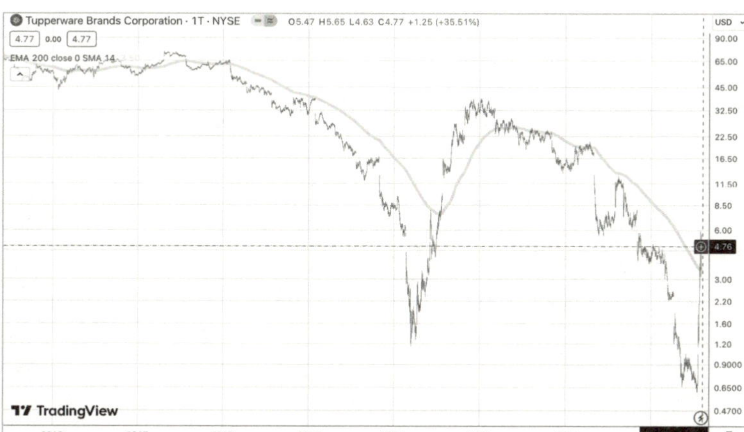

Wie du in der Abbildung erkennen kannst, befand sich die Aktie bis 2017 im Seitwärtstrend. Eine Entscheidung wäre schwierig gewesen, weil sich die Aktie länger nicht für eine Richtung entschied – bis sie sich ab 2018 im Abwärtstrend befand. Fundamental machte das Unternehmen sogar seit 2017 deutliche Verluste, weswegen du also spätestens 2018 ausgestiegen wärst. Du musst wissen, dass die Bilanzen der Unternehmen nicht sofort veröffentlicht werden, daher hättest du die Ergebnisse von 2017 erst 2018 vorliegen gehabt.

Prinzipiell erkennst du hier deutlich, dass sich beide Unternehmen seit Jahren im Abwärtstrend befinden. Es ist jedoch auch normal, dass ein Aktienkurs im Abwärtstrend immer mal wieder Ausschläge nach oben macht – der Trend nach unten lässt sich dennoch eindeutig erkennen. Das waren jetzt zwei Beispiele für Aktien im Abwärtstrend, aber bedenke, dass du auch im Seitwärtstrend kein Geld verdienst. Das will ich dir an einem Beispiel verdeutlichen.

3. Lufthansa

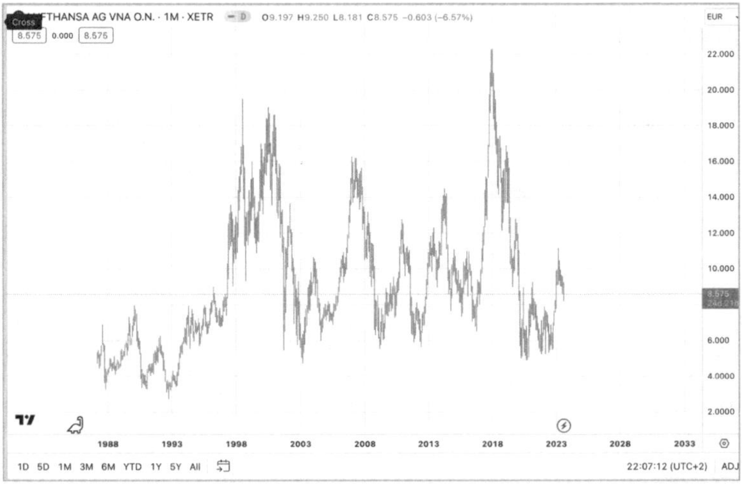

Wie du siehst, ist der Aktienchart der Lufthansa zwar sehr unruhig, mit einem wilden Auf und Ab zwischen 1988 und heute, aber im Grunde ist die Aktie nicht wirklich vom Fleck gekommen. Die Rendite liegt bei einer fast 40 Jahre langen Börsengeschichte bei nur ca. 60 Prozent. Dafür brauchst du nicht an die Börse gehen. Mit deinem jetzigen Wissensstand würdest du heute niemals in eine Aktie investieren, die sich seit Jahrzehnten nicht vom Fleck bewegt und immer nur in einer Seitwärtsbewegung bleibt. Damit bist du vielen Anlegern an der Börse voraus, denn es gibt eine Vielzahl von Aktien, die genau das tun und damit für ein langfristiges Investment uninteressant sind. Trotzdem werden sie immer wieder gekauft.

Übung

Sind deine Unternehmen aktuell im Aufwärts- oder Abwärtstrend?

- Gehe auf TradingView und öffne den Chart des S&P 500.
- Füge dort den 200er-GD ein.
- Ist der Markt aktuell im Aufwärts- oder Abwärtstrend?
- Überprüfe den GD für alle deine Top-Unternehmen.
- Wenn die Aktie unter dem 200er-GD liegt oder der GD sogar nach unten zeigt, würde ich aktuell nicht in die Aktie einsteigen.

Welche deiner Unternehmen erfüllen heute die Kriterien?

Wie gehst du mit Gewinnen um?

Jetzt haben wir viel über das Thema Verluste gesprochen, aber wir gehen doch für Gewinne an die Börse! Meist können Menschen es gar nicht glauben, wie einfach es sein kann, an der Börse Geld zu verdienen. Sie sabotieren sich daher dann gern selbst. Es gibt vor allem zwei Punkte, auf die ich dich daher aufmerksam machen möchte: 1. Viele freuen sich über Gewinne weniger, als sie sich über Verluste ärgern. 2. Oft werden Verlustaktien nachgekauft, statt Gewinneraktien zu verstärken.

Beachte!

Das muss dir bewusst sein, damit du dich von Anfang an über deine Gewinne freust, sie wahrnimmst und dann gegebenenfalls deine Gewinneraktien nachkaufst, um dein Portfolio zu stärken.

Das ist wie mit Angestellten: Wen deiner zehn Angestellten würdest du am liebsten klonen? Den, der immer krank ist und seine Aufgaben nur halbherzig erledigt, oder die, die immer zuverlässig ist, tolle neue Ideen bringt und das Unternehmen voranbringt?

Prinzipiell brauchst du immer eine positive Einstellung zu deinen Investitionen. Das bringt uns wieder zu den Glaubenssätzen vom Anfang des Buches. Denn wenn du zum Beispiel denkst, dass das Geld dir durch die Finger rinnt, dann wird dir das auch an der Börse passieren. Wenn du glaubst, dass du hart für dein Geld arbeiten musst, dann wird es auch an der Börse hart werden. Ich habe das in meinen Aktien-Coachings oft erlebt und den Frauen dabei geholfen, ihre destruktive Einstellung zu Geld ins Positive umzudrehen. Sei ehrlich zu dir. Falls du solche oder ähnliche Glaubenssätze in dir trägst (was völlig normal ist aufgrund unserer Erziehung und Prägung), dann verändere dein Denken. Egal wie gut deine Technik oder Strategie ist: Wenn du eine negative Einstellung zu Geld hast, kannst du nicht langfristig ein Vermögen aufbauen. Sei selbstbewusst und denke immer wie eine Gewinnerin! Denke dir dein eigenes inneres Mantra aus, zum Beispiel: »Meine ausgewählten Unternehmen entwickeln sich positiv nach oben. Ich erreiche 20 Prozent Rendite pro Jahr und mehr. Das Geld kommt und bleibt bei mir.«

Übung

Deine Glaubenssätze werden zu deiner Realität

Jetzt bist du dran. Schreibe dir mindestens zehn Sätze auf, die dein Selbstbewusstsein an der Börse stärken und dich zum Geldmagneten machen. Denke also immer positiv über dich, dein Geld und deine Finanzen. Wie lautet dein neues Geldmantra?

Online-Kurs

Ich zeige dir, wie einfach die technische Analyse funktioniert. Melde dich über den QR-Code an.

Zusammenfassung

Mithilfe der technischen Analyse kannst du Aktiencharts lesen, Trends erkennen und fundierte Investitionsentscheidungen treffen. Denke daran, dass es nicht darum geht, eine Berufs-Traderin zu werden, sondern mit Freude und Wissen an der Börse zu investieren und beeindruckende Renditen zu erzielen.

- Technische Analyse nutzt vergangene Kursbewegungen, um zukünftige Aktienentwicklungen vorherzusagen.
- Ein Aktienchart ist ein xy-Diagramm: Die waagerechte Achse zeigt die Zeit, die senkrechte Achse den Aktienpreis.
- Die x-Achse kann verschiedene Zeiträume darstellen – von einem Tag bis zur gesamten Lebensdauer einer Aktie.
- Nutze kostenlose Tools wie TradingView, um Aktiencharts genauer zu analysieren.
- Eine logarithmische x-Achse erleichtert dir, das Wachstum über Jahrzehnte gut abzubilden.
- Volatilität: Sie bezieht sich auf die Schwankungen im Aktienkurs. Eine höhere Volatilität bedeutet größere Kursschwankungen, während eine niedrigere Volatilität auf stabilere Kursentwicklungen hinweist. Die individuelle Risikobereitschaft sollte bei der Berücksichtigung der Volatilität eine Rolle spielen.
- Gleitender Durchschnitt: Er hilft dir dabei, Trends in Aktienkursen zu erkennen.
- Kerzen: Sie geben dir detaillierte Informationen über die Kursbewegungen.
- Betrachte den Gesamtmarkt mithilfe des S&P 500 oder des DAX, um den allgemeinen Trend zu bestimmen.
- Deine Vorteile des aktiven Investierens: Du kannst jederzeit Anpassungen vornehmen und mithilfe der technischen Analyse Verluste begrenzen und Chancen nutzen.
- Eine positive Einstellung zu Gewinnen und eine stärkende Denkweise sind für langfristige Erfolge enorm wichtig.

11. KAPITEL

Wer sind jetzt noch deine besten Freunde?

Portfoliostrukturierung

Kennst du das auch? Du hast 100 Kontakte im Handy, aber irgendwie schaffst du es nicht, dich regelmäßig selbst bei deinen guten Freundinnen zu melden? Mir geht es zumindest so. Irgendwie kommt immer der Haushalt, der Job, die Kinder oder auch einfach mal der Fernseher dazwischen. Jetzt fragst du dich also vielleicht: »Wie soll ich denn neben all den Sachen, die ich eh schon jeden Tag tue, auch noch in Aktien investieren? Das schaffe ich zeitlich nicht. Ich muss mich schließlich damit sehr gut auskennen, mich ständig damit beschäftigen. Muss Zeitungen lesen, immerhin ändern sich täglich die Aktienkurse.« Genau wegen solcher Gedanken, die ich früher auch hatte, fangen viele Menschen gar nicht erst an, zu investieren. Negative Glaubenssätze hindern sie daran. Dabei kann man wirklich entspannt in Aktien investieren – ganz ohne Wirtschaftszeitungen und tägliches Checken der Aktienkurse. Du brauchst dafür nur ein gut strukturiertes Portfolio, sodass die Aktien die Arbeit für dich machen. Sie bewegen sich nicht schneller oder langsamer, hoch oder runter, wenn du alle Stunde darauf schaust. Du brauchst Vertrauen in dich und deine Fähigkeiten – und deine gut ausgesuchten Aktien.

Wie oft muss ich meine Freunde besuchen oder reicht ein kurzer Anruf?

Deine Aktien sind wie neue Freunde. Mit dieser Einstellung stehst du gleich in einem guten Verhältnis zu deinen Aktien und kümmerst dich gut um sie. Genauso, wie du mit neuen Freunden umgehst, kannst du auch mit deinen Aktien umgehen. Prinzipiell reicht ein wöchentlicher, kurzer Anruf. Du triffst sie nicht jeden Tag, aber du fragst regelmäßig nach, wie es ihnen geht. Auch bei deinen Aktien schaust du regelmäßig nach, wo sie gerade stehen.

Beachte!

Einmal die Woche ist ein guter Zyklus, um deine Aktienentwicklung im Blick zu behalten.

Was macht der Markt, in dem du investierst? Wenn du in amerikanische Aktien oder Unternehmen investierst, überprüfst du, wo der S&P 500 im Verhältnis zum 200er-GD steht: Ist er darunter oder darüber? Du verschaffst dir damit einen Überblick. Dann schaust du dir deine ausgewählten Aktien im Depot an: Wie steht der jeweilige Aktienkurs im Verhältnis zu den gleitenden Durchschnitten? Meistens liegt der Aktienkurs darüber, zeigt dir einen Aufwärtstrend an und bedeutet, dass du ohne Handlungsbedarf entspannt bleiben kannst. Falls der Aktienkurs allerdings fällt, kannst du aussteigen. Diese technische Analyse ist schnell, nicht aufwendig und jede Woche gut zu machen. Die fundamentale Analyse hingegen ist aufwendiger, muss aber auch nur einmal im Jahr durchgeführt werden.

Bei der fundamentalen Analyse solltest du die Umsätze und Gewinne deiner Aktien im Portfolio genauer überprüfen und die Veränderung der relevanten Kennzahlen betrachten: Was hat sich im letzten Jahr verändert? Wie haben sich die Umsätze und Gewinne im letzten Geschäftsjahr entwickelt? Wenn kein Wachstum um mindestens 10 Prozent stattgefunden hat, recherchiere im Internet, was passiert ist. Wenn die Gewinne nicht gestiegen sind: Hat das Unternehmen vielleicht größere Investitionen getätigt? Das wäre per se nicht schlimm. Wenn aber die Gewinne einbrechen, weil das Unternehmen das Geld sinnlos ausgegeben hat, musst du achtsam werden. Jedes Unternehmen an der Börse ist dazu verpflichtet, quartalsweise seine Bilanzen zu veröffentlichen. Für dich reicht die Jahresbilanz aber vollkommen aus.

Es gibt Unternehmen mit Saisongeschäften, wie eine Eisdiele, die im Sommer viel mehr Umsatz macht als im Winter. Oder ein Skihersteller, der nur in den Wintermonaten seine Ware verkauft. Als ich letztens einen Hexenschuss und Rückenschmerzen hatte, wollte ich eine elektrische Heizdecke kaufen. Es war jedoch Sommer und keine Heizdecke im MediaMarkt in München verfügbar, deswegen musste ich sie im Internet bestellen. Ich hatte ehrlich gesagt nicht damit gerechnet, dass Heizdecken einem saisonalen Geschäft unterliegen und man sie im Sommer in einem großen Geschäft nicht kaufen kann. Deswegen ist für dich wichtig, dass du dich von den Quartalszahlen eines Unternehmens nicht verrückt machen lässt. Abgerechnet wird immer am Ende des Jahres. Die einzelnen Quartale können stark variieren.

Beachte!

Du musst nicht jeden Tag deine Aktien checken. Das verwirrt oder verunsichert dich eher und es kann sein, dass du die Übersicht verlierst. Außerdem kann es dich unnötig in Panik versetzen, weil Aktienkurse eben schwanken. Vertraue auf deine Aktienauswahl und mach dich nicht verrückt.

Was ist, wenn du keine Zeit hattest, die Aktienkurse zu checken?

Du warst länger im Urlaub, bist umgezogen oder hast ein Baby bekommen und hast einmal nicht deine Aktienkurse überprüft? **Ganz wichtig:** Mache dir keine Vorwürfe, sondern werde aktiv und checke dein Depot. Du kannst immer eine Entscheidung treffen, denn dafür ist es nie zu spät. Es wird erst dann schlimm, wenn du lethargisch wirst, dein Aktiendepot bewusst ignorierst und von dir wegschiebst. Denke wieder an den Vergleich mit guten Freundinnen. Sie sind auch nicht böse, wenn du dich vier Monate lang nicht gemeldet hast, sondern freuen sich dann über deinen Anruf. Wie du siehst, ist das aktive Handeln viel entspannter, als viele glauben. Plane deinen Depotcheck einmal in der Woche für 20 Minuten in deinem Kalender ein. Das dauert auch nicht länger als ein Anruf bei deiner Mutter. Installiere die App deines Brokers auf deinem Handy. So kannst du bequem von überall aus deine Aktien überprüfen und sogar handeln.

Übung

Komm in die Umsetzung und bleib dran!

- Lege dir jetzt einen wöchentlichen 20-Minuten-Termin in deinen Kalender.
- Nimm dir dann fokussiert Zeit für deine Aktien, in die du bereits investiert hast.
- Richte dir auch eine Erinnerung für deine einmal jährlich stattfindende fundamentale Aktienanalyse in deinen Kalender ein!
- Checke dabei zuerst den aktuellen Markt und dann deine Unternehmen mithilfe des gleitenden Durchschnitts, wie im 10. Kapitel beschrieben.

Wenn du die Anleitungen aus den vorherigen Kapiteln befolgt hast, dann hast du schon mehr getan als 80 Prozent der meisten Investoren.

Wie viele Aktien?

Immer wieder höre ich, dass man sein Aktiendepot stark diversifizieren sollte, man also nicht alles auf eine Karte setzen sollte, sondern die Aktienkäufe möglichst vielseitig in unterschiedliche Branchen und Länder streuen. Am besten sogar in verschiedene Produkte wie Aktien, Anleihen und ETFs. Ich bin kein Fan davon, denn dieses wilde Streuen hat mehrere Nachteile:

1. Wir investieren aus der Angst heraus, also nicht um zu gewinnen, sondern um nicht zu verlieren. Das ist Investieren mit angezogener Handbremse.
2. Viele Unternehmen performen nicht gut an der Börse. Wenn wir also 100 Unternehmen in unser Depot aufnehmen, haben wir automatisch auch schlechte dabei. Das ist so, als würdest du ans Büffet gehen und dir einfach alles auf den Teller laden – dir trotz Haselnussallergie auch Nutella aufs Brot streichen: Du bekommst womöglich Atemnot. Mit schlecht ausgewählten Aktien bekommst du wahrscheinlich auch Schnappatmung.
3. Du verlierst den Überblick über deine Investments, wenn du 100 Aktien in deinem Depot hast. Es wird dann wirklich zeit- und arbeitsintensiv, so viele Aktien zu beobachten und die neuesten Entwicklungen mitzubekommen und zu bewerten.

Ich empfehle daher vollen Fokus! **Wähle fünf bis maximal 15 starke** Unternehmen aus. Auf einem Fußballfeld wuseln auch nicht 100 Spieler, sondern der Trainer wählt ganz bewusst seine elf Top-Spieler aus. Du darfst das auch, gib dir die Erlaubnis. Du darfst Entscheidungen treffen. Du darfst Ja oder eben auch Nein sagen.

Wenn du in einem großen Konzern arbeitest, kennst du es vielleicht, dass Entscheidungen immer an die nächsthöhere Instanz abgegeben werden, weil sich niemand traut, Entscheidungen zu treffen. Das ist tödlich für den Erfolg! Dadurch entgeht uns ein wichtiger Lernprozess, denn wir nehmen uns die Möglichkeit, »Aktion–Reaktion« zu erleben. Um eine gute Investorin zu werden, darfst du lernen, selbstbewusst Entscheidungen zu treffen und zu deiner bewussten Wahl zu stehen. Das bedeutet nicht, dass alle Entscheidungen immer perfekt sein werden, aber du lernst aus Fehlern, entwickelst dich weiter und sammelst wertvolle Erfahrungen. Dadurch entwickelst du eine neue Bewusstseinsebene und kannst auf dieser Basis wieder neue, bessere Entscheidungen treffen. Eine grandiose Positivspirale entsteht, die du selbst in die Wege geleitet hast, weil du dich getraut hast, eine Entscheidung zu treffen und diese zu reflektieren. Wie du siehst, hat das aktive Investieren in Aktien nicht nur den monetären Vorteil, sondern einen ganz großen persönlichen Anreiz. Du wirst zu einer selbstbewussteren Persönlichkeit, was sich in vielen anderen Lebensbereichen zusätzlich positiv auswirkt.

Schau mal in dein Depot: Wie viele Aktien tummeln sich da? Wenn du noch keine Aktien hast, entscheide dich bewusst für deine fünf bis 15 besten Freunde. Gib ihnen allen eine Chance, vertraue in sie und in dein Können.

Welche Gewichtung sollte dein Portfolio haben?

Wenn ich mit meinen Kindern im Supermarkt einkaufen gehe und sie auswählen dürfen, was sie wollen, schmeißen sie mir mit hoher Wahrscheinlichkeit nur Gummibärchen, Schokolade und Kekse in den Einkaufswagen. Mein Mutterherz schlägt Alarm und denkt sich: »Wir brauchen doch auch Obst, Gemüse, Fleisch und Fisch, sonst wäre mein Einkaufswagen in Sachen Ernährung wirklich unausgewogen.« So kannst du dir das auch in deinem Aktiendepot vorstellen. Du kaufst nicht nur eine Aktie und auch nicht mehrere Aktien nur aus einer Branche, sondern verschiedene aus unterschiedlichen Branchen.

Meine Kinder hätten mit Süßigkeiten nur in einer Branche, und zwar in der Zuckerbranche eingekauft ;). Wenn du nur Aktien aus einem Bereich in deinem Depot hast und es in dieser Branche eine Krise gibt, leidet das gesamte Portfolio. Deswegen sollte man Aktien gleich gewichten. Wenn dein Depot zum Beispiel 10 000 Euro wert ist, **kaufe entweder fünf Aktien zu je 2 000 Euro oder zehn Aktien zu je 1 000 Euro.** Wie du weißt, haben Aktien unterschiedliche Preise. Daher ist die Anzahl der Aktien eines Unternehmens in deinem Depot nebensächlich, denn es geht um die Investitionssumme.

Nehmen wir dafür ein Beispiel zur Hand: Die LVMH-Aktie kostet aktuell knapp 1000 Euro, während die Google-Aktie momentan 100 Euro kostet. Du würdest eine LVMH-Aktie kaufen und zehn Google-Aktien. Somit ist das absolute Investment der beiden vergleichbar. Man kann es in der Regel nicht auf den Euro genau perfekt machen. Es geht hier nur um eine Orientierung.

Das gleichgewichtige Portfolio hat Vorteile

Du hast den Einkaufswagen nicht nur mit Süßigkeiten gefüllt, sondern auch mit anderen wichtigen Lebensmitteln. Eine einseitige Ernährung ist ungesund. Selbst wenn du die Süßigkeiten durch Äpfel oder Karotten austauschen würdest, müsstest du für eine gesunde Ernährung noch andere Lebensmittel hinzufügen, sonst drohen Mangelerscheinungen. Wir aber wollen in unserem Depot keinen Mangel, sondern Fülle und Ausgeglichenheit. Deswegen kaufen wir Unternehmen aus unterschiedlichen Branchen. Visa und MasterCard sind zum Beispiel NICHT aus unterschiedlichen Branchen, sondern mehr oder weniger das Gleiche. Das kannst du auch an den Aktienkursen ablesen, wenn du sie übereinander legst.

Wenn du körperlich fit werden möchtest und anfängst, zu trainieren, erstellt dir dein Fitnesstrainer einen Plan mit mehreren Stationen. Du machst nicht nur Übungen für deinen Bauch, sondern trainierst auch deine Arme und Beine. Sonst wärst du nach einigen Wochen sehr einseitig trainiert. Genauso ist es mit deinen Aktien. Du suchst dir aus verschiedenen Bereichen Top-Unternehmen aus, um nicht nur einseitig zu investieren.

Beachte!

Wie anfangs erwähnt: Eine zu große Diversifizierung macht dein Depot unübersichtlich und schwieriger zu handhaben. Verteile dein Geld lieber auf fünf bis 15 Top-Unternehmen.

Übung

Branchenübersicht

Notiere dir hier noch einmal alle deine Top-Unternehmen, füge deren Branche hinzu. Halte mindestens drei bis vier Branchen im Depot, statt alles auf eine Karte zu setzen.

Zeichne in diesen Kreis die Größe jedes »Kuchenstücks«. Der Kreis stellt dein gesamtes Depot dar. Hast du zum Beispiel acht Unternehmen, teilst du den Kreis in acht Küchenstücke und schreibst in jedes Kuchenstück den Namen eines Unternehmens:

Füge bei jedem Kuchenstück hinzu, wie viel eine Aktie aktuell kostet.

Wie groß ist das Kapital, mit dem du an die Börse gehen möchtest?

Ich empfehle dir, dein Depot gleich zu gewichten. Wie viele Aktien kannst du dann pro Unternehmen kaufen?

Online-Kurs

Zusammenfassung und Portfoliostrukturierung erkläre ich im letzten Teil des Online-Kurses. Melde dich über den QR-Code an.

Zusammenfassung

Du hast in der Regel nicht Zeit für 100 Freunde – so verhält es sich auch mit Aktien. Nachdem du deine Aktien sorgfältig ausgesucht hast, entscheide dich für eine Handvoll. Das hat mehrere Vorteile: Du brauchst nicht viel Zeit für das Monitoring und behältst deine Aktien im Kopf, sodass du bei wichtigen News gleich informiert bist.

- Keine Sorge, du musst nicht täglich die Aktienkurse checken! Überprüfe dein Depot einmal in der Woche nach den technischen Indikatoren.
- Die fundamentale Analyse musst du nur einmal jährlich nach Herausgabe der neuen Jahresbilanzen überprüfen.
- Quartalszahlen sind meiner Meinung nach überbewertet und verwirren oft.
- Somit ist aktives Handeln entspannter, als viele denken.
- Gleichzeitig schützen wir uns vor dem Totalverlust und identifizieren zusätzlich grandiose Unternehmen.
- Meine Empfehlung: Wähle fünf bis maximal 15 starke Unternehmen für dein Portfolio, anstatt zu stark zu diversifizieren.
- Eine zu große Diversifizierung hat einige Nachteile: So verlierst du schnell den Überblick. Zudem gibt es gar nicht so viele exzellente Unternehmen.
- Außerdem diversifizieren viele aus Angst, die ausgewählten Aktien könnten schlecht performen. Triff stattdessen klare und selbstbewusste Entscheidungen. Stehe dann zu deiner Aktienauswahl.
- Nur so lernst du aus deinen Entscheidungen und wirst eine immer bessere Investorin.
- Eine gleichgewichtige Aufteilung deines Portfolios ist sinnvoll, um das Risiko auf verschiedene Branchen zu verteilen und ein Ungleichgewicht zu vermeiden.

12. KAPITEL

Jetzt wird gehandelt!

Mit gesundem Risikomanagement

Du hast bisher gelernt, welche Zahlen und Daten du dir ansehen musst, um ein starkes und gesundes Aktienunternehmen zu finden. Trotz all dieser Analysen kann es sein, dass Unternehmen bzw. Aktien abstürzen. Deswegen solltest du, ehe du an die Börse gehst, wissen, wann du dich von Unternehmensanteilen (ganz oder temporär) wieder trennst. Das mag sich unromantisch anhören, ist es aber nicht, denn wir dürfen ohne Emotionen an die Börse gehen. Wenn du deinen Mann heiratest, denkst du bei der Hochzeit nicht an eine mögliche Scheidung, aber bei Aktien musst du ein sinnvolles Risikomanagement betreiben, weil du die Unternehmen nicht selbst steuerst. Selbst wenn du zehn iPhones kaufst, hat das keinen Einfluss auf den 100-Milliarden-Dollar-Umsatz von Apple. Einige Paare machen einen Ehevertrag. Das ist auch eine Art Risikomanagement, um das gemeinsame Vermögen oder das in die Ehe mitgebrachte Vermögen eines Partners zu schützen. Risikomanagement betreiben wir im Leben immer, um uns vor Verlusten zu schützen, und es gibt unterschiedliche Arten dessen.

Im Folgenden findest du die unterschiedlichen Risikomanagement-Arten:

1. **Diversifikation:** Setze nie alles auf eine Karte. Verteile dein Anlagekapital auf verschiedene Aktien in verschiedenen Branchen. So kannst du das Risiko reduzieren, wie im 11. Kapitel gelernt.
2. **Recherche und Analyse:** Alles, was du im 7. und 8. Kapitel gelernt hast, ist Recherche und dient deinem Risikomanagement.
3. **Risikotoleranz:** Es ist wichtig, dass du dir selbst treu bleibst beim Investieren. Wir alle haben eine unterschiedliche Risikobereitschaft. Manche Investorinnen gehen höhere Risiken für potenziell höhere Rendite ein, während andere eine konservativere Herangehensweise bevorzugen. Wo würdest du dich selbst einordnen? Du darfst nicht vergessen, dass sich das mit wachsender Erfahrung in beide Richtungen entwickeln kann.
4. **Stop-Loss-Orders:** Um Verluste zu begrenzen, kannst du automatisch Aktien verkaufen, wenn der Kurs einen vordefinierten Wert erreicht hat.
5. **Technische Analyse:** Die Fähigkeit, Aktienkurse inklusive Kerzen zu lesen und zu interpretieren, mindert das Verlustrisiko für dich als Investorin (10. Kapitel).

Risikomanagement muss immer der Situation angepasst sein. Damit das für dich ein bisschen greifbarer wird, stell dir vor, du sitzt im Auto. Setzt du dir hier einen Helm auf? Wahrscheinlich nicht, denn das wäre übertrieben viel Risikomanagement. Außer du sitzt in einem Formel-1-Auto. Wenn du allerdings auf ein Motorrad steigst, wirst du sicherlich, ohne nachzudenken, einen Helm tragen. Beim Fahrradfahren ist es dir selbst überlassen. Deinem dreijährigen Kind setzt du höchstwahrscheinlich immer einen Helm auf – auch wenn du selbst möglicherweise keinen trägst. Genauso ist es an der Börse bzw. mit deinen Investments. Hier darfst du deinen gesunden Menschenverstand einsetzen und ein gesundes Risikomanagement fahren. Wenn du nur 100 Euro an der Börse investiert hast, kann es gut sein, dass dir egal ist, wenn du das Geld verlierst. Anders sieht es aber aus, wenn du für das Geld lange gearbeitet und hart gespart hast. 10 000 Euro zu verlieren, tut richtig weh.

Warum hört man immer wieder von Totalverlusten an der Börse?

Das liegt an der Asymmetrie der Verluste, die leider den wenigsten Aktieninvestoren bekannt ist. Dabei ist es lange nicht so kompliziert, wie es klingt. Dir muss einfach nur bewusst sein: Nach oben hin kann deine Aktie unbegrenzt wachsen, so wie sich die Apple-Aktie zum Beispiel schon verhundertfacht hat: 125 000 Prozent von 1981 bis heute. Du kannst aber auch deinen kompletten Einsatz verlieren. Eine Apple-Aktie kostet aktuell knapp 180 US-Dollar. Sollte der Kurs auf 90 US-Dollar fallen, hättest du 50 Prozent Verlust gemacht. Die Aktie müsste dann um 100 Prozent wachsen, um wieder bei 180 US-Dollar anzukommen. Deswegen solltest du deine Verluste nach unten unbedingt begrenzen. Die nachfolgende Tabelle verdeutlicht dir diese Asymmetrie der Verluste noch einmal:

Verluste	Benötigter Gewinn
0,00%	0,00%
1,00%	1,01%
5,00%	5,26%
10,00%	11,11%
20,00%	25%
33%	50%
50%	100%
75%	300%
90%	900%
100%	AUS

Hier siehst du, wie viel Gewinn eine Aktie machen müsste, um wieder beim Ausgangspunkt anzukommen. Deswegen würde ich eine Aktie niemals mehr als 33 Prozent ins Minus laufen lassen, sondern mich vorher von ihr trennen. Schließlich müsste die Aktie 50 Prozent Rendite machen, um wieder das Ausgangsniveau zu erreichen. Daher lieber ein Ende mit Schrecken als ein Schrecken ohne Ende. Wirklich schlimm wird es bei minus 75 Prozent. Hier sagen die meisten: »Jetzt ist es auch schon egal.« Das ist ein fatales Mindset. Denn falls diese Aktie jetzt um weitere 15 Prozent fällt, muss sie unglaubliche 900 Prozent Rendite machen, um überhaupt wieder beim Ausgangswert zu stehen.

Wie viele Aktien kennst du, die in den letzten zehn Jahren 900 Prozent Rendite gemacht haben? Es kann sehr gut sein, dass sich die Aktie nie wieder erholt – wie auch dein Portfolio. Deswegen ist es wichtig, beim Investieren vorab – also beim Aktienkauf – festzulegen, wann du im Falle eines Verlustes spätestens aussteigst, was dein preislicher Tiefpunkt ist. So kannst du ein Vermögen aufbauen und geringe Verluste schnell wieder reinholen.

Warum ich die Deutsche-Telekom-Aktie nicht mag

Die Aktie der Deutschen Telekom hat sich in den letzten 20 Jahren nicht mehr erholt. Wenn du am höchsten Punkt im Mai 2000 eingestiegen wärst und bis heute nicht verkauft hättest, hättest du in deinem Depot mit dieser Aktie immer noch 80 Prozent Verlust. Sie müsste fast 400 Prozent Rendite machen, damit du keine Verluste mehr mit dieser Aktie hast. Das ist auch der Grund, weshalb ich kein Fan von der »Buy and hold«-Strategie bin. Dank unserer technischen Analyse wären wir hier schon längst ausgestiegen.

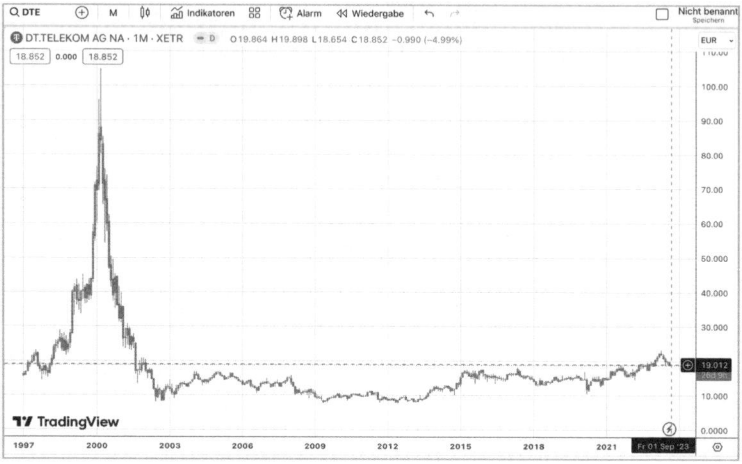

Außerdem schützt ein Ausstieg vor **Totalverlusten.** Eine »Blasenbildung« entsteht, wenn Unternehmen eine astronomisch hohe Bewertung bekommen und deren Aktien extrem teuer gehandelt werden. Das ist übrigens an der Amsterdamer Börse mit den Tulpenzwiebeln passiert – und in der Dotcom-Blase 2000/2001 mit vielen Tech-Unternehmen. Die Euphorie war jeweils groß und ich kann gut nachvollziehen, dass man sich als Investorin mitreißen lässt. Und es ist auch sinnvoll, solche tollen Aufwärtsbewegungen mitzunehmen und daran mitzuverdienen. Allerdings ist es ebenso notwendig, die Kurse im Blick zu behalten.

Gerade wenn sich Aktienkurse extrem schnell nach oben bewegen, solltest du als Investorin achtsam sein und den 200er-GD im Blick behalten, denn wenn dieser nach unten kippt, ist Vorsicht geboten. Halte dich an deine eigenen Regeln. Keine Sorge: Wir Frauen sind darin sehr gut. Wenn du vorab entschieden hast, dass du bei beispielsweise 10 Prozent Verlust aussteigen wirst, dann zieh das durch statt abzuwarten, bis der Kurs womöglich um 50 Prozent gefallen ist.

Wie gehst du mit Verlusten um?

Verluste gehören zum Börsenalltag dazu. Solltest du Verluste machen, stecke nicht den Kopf in den Sand. Halte dich zu 100 Prozent an deine Exit-Strategie, das heißt, steige aus, wenn die Aktie unter einen bestimmten Wert gefallen sein sollte. Denn schon Starinvestor Warren Buffett sagte einst, dass es nur zwei Regeln an der Börse gebe: »Rule #1: *Don't lose money* and Rule #2: *Don't forget rule number one.*« Gehe nie mit dem Mindset des »Jetzt ist es auch schon egal« an die Sache ran, sondern kontrolliere und begrenze deine Verluste.

Halte dir die folgende Metapher vor Augen: Du säst einen Tomaten- und einen Gurkensamen, aus denen Pflanzen werden. Dann fressen aber Schnecken die Gurkenpflanze kahl. Sie kann sich nicht entwickeln und trägt auch keine Gurken, sondern geht ein. Die Tomatenpflanze dagegen schmeckt den Schnecken bei dir im Garten nicht und wird nur an ein oder zwei Blättern angefressen. Wenn du die Tomate gießt und genug Sonne scheint, trägt sie im Sommer viele leckere Früchte, bringt dir also eine grandiose Rendite ein. Das ist mit deinen Aktien nicht anders: Eine kleine Korrektur von 10 bis 20 Prozent sind in der Regel kein Problem. Davon erholt sich deine Aktie meist schnell wieder. Wenn du aber mehr als 70 oder 80 Prozent ins Minus gehst, ist die Erholung unwahrscheinlich oder sonst zäh. Es gibt natürlich immer Ausnahmen, aber ich will dir Orientierung geben.

Nicht vergessen dürfen wir unsere Emotionen beim Aktienhandel. Wenn du am Anfang keine klare Exit-Strategie erstellst und zu große Verluste zulässt, platzt dir womöglich irgendwann – viel zu spät – der Kragen und du verkaufst zum ungünstigsten Zeitpunkt. Du realisierst dann zu hohe Verluste und verlierst womöglich die Lust am Aktienmarkt. Das wäre schade. Denn du hast in diesem Buch viel über Aktien, Börse und Geld gelernt, du hast schon viel Zeit investiert. Ich bin stolz auf dich!

Damit alles gut in deinem Kopf verankert bleibt, blättere jetzt noch einmal durch das gesamte Buch. Was hast du dir aufgeschrieben? Was hast du besonders hervorgehoben?

Übung

Notieren deiner wichtigsten Erkenntnisse

Wie stehst du jetzt zum Thema Aktien und Investieren?

Welche Aha-Momente hattest du? Was wirst du nicht mehr über Geld und Börse denken?

Welche und wie viele Top-Aktien hast du für dich ausgesucht? Warum?

Hast du einen Broker eingerichtet? Wenn nein, dann lies das 5. Kapitel erneut und zieh es durch! Schau dir meinen Online-Kurs an (siehe den QR-Code unten). Es geht ganz einfach und so kommst du in die Umsetzung.

Übung

Loslegen! Und zwar jetzt!

Du kaufst deine ersten Aktien.

1. Notiere: Wann hast du welche Aktie gekauft? Und zu welchem Preis?
2. Mache dir Erinnerungen in deinen Kalender und notiere nach einem, drei, sechs und zwölf Monaten, wo der Aktienkurs dann steht.
3. Freue dich über deine Erfolge, teile sie beispielsweise auf Instagram – und verlinke mich sehr gerne. Mein Account heißt: **carmen_ _mayer_ _**. Folge mir gerne und zeige der Welt, wie eine erfolgreiche Investorin aussieht!

Unternehmen	Anzahl	Kaufpreis	Nach 1 Monat	Nach 3 Monaten	Nach 6 Monaten	Nach 12 Monaten

Herzliche Einladung zu meiner Aktien-Investoren-Ausbildung!

Hast du schon eine Aktienschwester? Zusammen geht es noch deutlich einfacher als allein. Willst du dich mit einer unterstützenden Community aus tollen Menschen umgeben? Dann melde dich gerne bei mir. Wenn du dich allein nicht traust, dann hilft es dir bestimmt, mit anderen grandiosen Frauen zusammen durchzustarten. Ich unterstütze dich gerne bei allen Fragen und helfe dir bei der Interpretation der Daten. Außerdem drehen wir gemeinsam deine negativen Glaubenssätze, sodass du zum Geldmagneten wirst.

Buche dir ein kostenloses Erstgespräch, zu dem du dich unter dem QR-Code anmelden kannst. Als Leserin meines Buches bekommst du auch eine Überraschung!

Ich freue mich jetzt schon auf deine Erfolge. Auf die besten Renditen!

Fühle dich gedrückt und alles, alles Liebe.

Ich glaube an dich ❤

Deine Carmen

Zusammenfassung

Was passiert, wenn du einen faulen Apfel in einen Obstkorb legst? Genau, das hat Auswirkungen auf den ganzen Korb. Mit Aktien kann es ähnlich laufen, weil du immer mehr Verlierer im Depot akzeptierst. Wenn deine Investments nicht laufen, wird es höchste Zeit, dass du dich von diesen faulen Früchten trennst! Nach all der Theorie müssen wir jetzt zur Praxis und ins Handeln kommen.

- Risikomanagement ist wichtig, um Verluste zu vermeiden.
- Diversifikation hilft dir dabei, das Risiko zu reduzieren, indem du dein Anlagekapital auf verschiedene Aktien und Branchen verteilst.
- Recherche und Analyse sind Teil des Risikomanagements und dienen der Informationsbeschaffung.
- Die individuelle Risikotoleranz ist entscheidend und beeinflusst die Investmentstrategie.
- Stop-Loss-Orders ermöglichen den Verkauf von Aktien, um Verluste zu begrenzen.
- Die technische Analyse von Aktienkursen mithilfe von Kerzencharts kann dabei helfen, Verlustrisiken zu mindern.
- Es ist wichtig, eine klare Exit-Strategie festzulegen, um im Falle von Verlusten angemessen reagieren zu können.
- Verluste gehören zum Börsenalltag, es ist wichtig, ihnen mit einer angemessenen Strategie zu begegnen.
- Die Asymmetrie der Verluste verdeutlicht, dass große Verluste schwerer aufzuholen sind.
- Komm in die Umsetzung, denn ohne Umsetzung gibt es keine Rendite.
- Falls du Hilfe brauchst, buche dir gerne ein kostenloses Erstgespräch bei mir und meinem Team.

Ausblick

Ich habe dich in diesem Buch auf meine Reise mitgenommen, denn ich wollte dir zeigen, wie ich es geschafft habe, mit Mitte 30 einen völlig neuen Lebensweg einzuschlagen. Inzwischen bin ich erfolgreiche Unternehmerin, Millionärin und helfe anderen Menschen dabei, ihre Finanzen selbst in die Hand zu nehmen. Der erste Schritt: Setze dir große Ziele, mache dir einen Plan und gehe dann unbedingt los. So habe ich es auch gemacht. Mit diesem Buch bekommst du den nötigen Wegweiser, damit deine Reise schöner und schneller wird als bei den meisten. Denn deine Glaubenssätze, also wie du die Welt siehst, ändern alles. Zu Beginn meiner Reise war ich gerade schwanger mit meiner großen Tochter Leni. Seitdem sind sechs Jahre vergangen und meine Leni wird bald eingeschult (September 2023).

Wie hat sich mein Leben verändert, seit ich in die Aktienwelt eingestiegen bin? Eigentlich vollständig. Die Träume, die ich hatte, habe ich mir zum größten Teil erfüllt: Wir leben in München in einem Haus mit großem Garten, ich fahre die Autos, die ich immer haben wollte, ich habe ein Au-Pair-Mädchen, ich reise mit der Familie Business Class an wunderschöne Orte. Mit der Geburt meiner zweiten Tochter Emily (2019) habe ich meinen Podcast *Mami goes Millionär – Der Aktien-Podcast* gelauncht. Er ist immer unter den Top 100 Podcasts im Bereich Wirtschaft, es ist mein Ort, um meine Gedanken mit der Welt zu teilen und tolle Gäste für einen Plausch einzuladen. Dank dieses Podcasts bin ich heute nicht mehr im Angestelltenverhältnis, sondern habe 2020 meine Firma Dr. Mayer Consulting GmbH gegründet und bereits über 2000 Frauen zu besseren Investorinnen gemacht. Mein Mann

Markus ist im November 2022 Vollzeit in unser Unternehmen eingestiegen und wir arbeiten seitdem täglich zusammen. Ich habe inzwischen eine riesige Community auf Instagram, die sich von mir inspiriert fühlt, was mich mit Stolz und Dankbarkeit erfüllt.

Jetzt, nachdem ich mir so viele Träume erfüllt habe, habe ich ganz neue und noch größere Wünsche und Ziele – das ist der wunderschöne Lauf der Dinge. Ich arbeite weiterhin an mir, um immer besser zu werden und hemmende Glaubenssätze aufzulösen. Denn die Entwicklung geht weiter. Ich weiß noch nicht, wo ich in fünf Jahren sein werde, aber ich werde weiterwachsen und Neues ausprobieren, lesen, lernen, lachen und lieben, werde das Leben in vollen Zügen genießen. Ich wünsche mir, dass dieses Buch viele Hunderttausende Menschen erreicht und berührt, dass es ihr Verhältnis zur Börse in eine ganz positive Richtung dreht. Möglichst viele Frauen sollen die grandiosen Chancen erkennen, die Aktien mit sich bringen, sie sollen damit ein selbstbestimmtes und selbstbewusstes Leben führen können.

Du siehst, bei mir sind auch sechs Jahre bis zum Schreiben dieses Buches vergangen. Vor sechs Jahren hätte ich mir das nicht ausmalen können. Gehe bitte Schritt für Schritt und stecke dir immer wieder neue Ziele, um zu wachsen und voranzukommen. In diesem Buch steckt so viel wertvolles Wissen und viele Herzensratschläge, du kannst es gerne auch ein zweites oder drittes Mal lesen. Jedes Mal wirst du es mit einem neuen Bewusstsein lesen und neue Informationen und Erkenntnisse daraus ziehen.

Was immer du tust, tue es mit Liebe und aus dem Herzen heraus. Dann wird es gut!

Glossar

Absicherungsinstrumente: Finanzinstrumente wie Optionen oder Futures, die verwendet werden, um ein Aktienportfolio gegen Kursverluste abzusichern.

Abwärtsbewegung: Eine negative Kursentwicklung, bei der der Aktienkurs fällt.

Aktien: Unternehmensanteile, die über einen Broker gekauft werden.

Aktienchart: Eine grafische Darstellung des Aktienkurses über einen bestimmten Zeitraum.

Aktiencheck: Die Überprüfung der Aktienkurse und der Entwicklung des Portfolios.

Aktiendepot: Eine Sammlung von Aktien, die ein Investor besitzt.

Aktieninvestorin: Eine Person, die in Aktien investiert und Anteile an einem Unternehmen besitzt.

Aktienkurs: Der Preis einer Aktie an der Börse, der von Angebot und Nachfrage bestimmt wird und sich täglich verändern kann.

Asymmetrie der Verluste: Die Tatsache, dass Verluste begrenzt sind, während Gewinne unbegrenztes Wachstum haben können.

Aufwärtsbewegung: Eine positive Kursentwicklung, bei der der Aktienkurs steigt.

Bankkonto: Ein von einer Bank geführtes Konto, auf dem Einlagen und Abhebungen von Geld getätigt werden können.

Blue Chips: Unternehmen mit einer Marktkapitalisierung von über 200 Milliarden US-Dollar.

Börse: Der Ort, an dem Aktien gehandelt werden.

Branchen: Verschiedene Wirtschaftszweige oder Industriezweige, in denen Unternehmen tätig sind.

Break-Even-Point: Der Punkt, an dem ein Unternehmen genug Umsatz generiert, um erstmals Gewinne zu erzielen.

Burggraben: Ein metaphorischer Begriff, der den Schutz und die Wettbewerbsvorteile eines Unternehmens beschreibt. Ein Burggraben kann verschiedene Formen haben, wie Marke, Firmengeheimnis, Gebühr, Umstieg und Preis.

Chartverlauf: Die historische Entwicklung des Aktienkurses eines Unternehmens, die in einem Diagramm dargestellt wird.

Crash: Ein Börsencrash bezeichnet einen rapiden und drastischen Rückgang der Aktienkurse auf dem Finanzmarkt, oft begleitet von großem Verkaufsdruck und erheblichen Verlusten für Investoren.

Depot: Eine Art Konto, auf dem Aktien und andere Wertpapiere gehalten werden.

Diversifizierung: Das Streuen von Investments auf verschiedene Aktien, Branchen und Länder, um das Risiko zu verringern.

Einlagensicherung: Schützt Kundengelder bei Banken und Brokern vor Verlusten bei Insolvenz oder finanziellen Schwierigkeiten.

Entscheidungen treffen: Die Auswahl und Festlegung von Investments basierend auf persönlichen Präferenzen und Analysen.

Entwicklungspotenzial: Das Potenzial für zukünftiges Wachstum und Erfolg eines Unternehmens.

EPS (Earnings per Share): Der Gewinn pro Aktie, den ein Unternehmen erwirtschaftet hat.

Erwachsenenphase: Eine Phase, in der das Unternehmen etabliert ist und stabiles Wachstum aufweist.

Europäische Zentralbank (EZB): Die Zentralbank der Eurozone, die für deren Geldpolitik und Währungsstabilität verantwortlich ist.

Exit-Strategie: Eine vorab festgelegte Strategie, die angibt, wann man sich von einer Aktie trennen sollte, um Verluste zu begrenzen.

Filter: Ein Auswahlkriterium, um bestimmte Unternehmen auszuschließen oder zu identifizieren.

Finanzielle Freiheit: Der Zustand, in dem eine Person genügend finanzielle Mittel und Ressourcen hat, um ihre Lebensziele und Bedürfnisse zu erfüllen, ohne von einem festen Einkommen oder einer Anstellung abhängig zu sein.

Fixe Gehälter: Feste Beträge, die an Mitarbeiter gezahlt werden, unabhängig von der Unternehmensleistung.

Fixkosten: Die Kosten, die unabhängig vom Umsatz eines Unternehmens anfallen, wie Miete, Gehälter usw.

Firmengeheimnis: Ein geheim gehaltenes Wissen oder eine besondere Expertise eines Unternehmens, die es vor Konkurrenten schützen will. Dies kann ein spezieller Prozess, ein Patent oder eine einzigartige Rezeptur sein.

Fokus: Die Konzentration auf eine begrenzte statt eine große Anzahl Aktien.

Fundamentale Analyse: Eine Methode, bei der die finanziellen Kennzahlen und die Leistung eines Unternehmens analysiert werden, um eine Aktie zu bewerten.

Gebühr: Eine regelmäßige Zahlung, die Kunden für den Zugang zu bestimmten Produkten oder Dienstleistungen leisten. Unternehmen mit einem Gebührenmodell erzielen konstante Einnahmen und haben einen stabilen Cashflow.

Geldströme: Die Bewegung von Geld innerhalb der Wirtschaft durch Ausgaben, Investitionen, Kredite und andere finanzielle Transaktionen.

Gewichtung: Die Verteilung des investierten Geldes auf verschiedene Aktien im Portfolio.

Gewinn: Die Differenz zwischen den Umsätzen eines Unternehmens und den Kosten.

Glaubenssätze: Überzeugungen oder Annahmen, die das Denken und Handeln einer Person beeinflussen können.

Gleitender Durchschnitt (GD): Ein statistischer Indikator, der den Durchschnittspreis einer Aktie über einen bestimmten Zeitraum darstellt.

Haushaltsbuch: Eine Aufzeichnung der persönlichen oder familiären Ausgaben und Einnahmen, um einen Überblick über die finanzielle Situation zu behalten.

High-Performer: Unternehmen mit einer hohen Wertentwicklung und Rendite über einen bestimmten Zeitraum.

Immobilie: Ein Grundstück oder ein Gebäude, das eine Person oder ein Unternehmen besitzt oder gemietet hat.

Inflation: Die allgemeine Preissteigerung von Gütern und Dienstleistungen über die Zeit.

Insolvenz: Der Zustand, in dem ein Unternehmen zahlungsunfähig ist und seine Verbindlichkeiten nicht mehr begleichen kann.

Interactive Broker: Ein Broker, der als professionelle Plattform gilt und verschiedene Tochterfirmen wie z. B. CapTrader in Deutschland hat.

Investment: Eine Anlage oder Investition von Geld in Vermögenswerte wie Aktien, Anleihen oder Immobilien mit der Absicht, Gewinne zu erzielen.

Investorin: Eine Person, die Geld in Wertpapiere wie Aktien investiert, um finanzielle Gewinne zu erzielen.

Kerzen: Eine Darstellungsmethode im Aktienchart, die Informationen über den Eröffnungs-, Schluss-, Hoch- und Tiefkurs einer Aktie liefert.

KGV (Kurs-Gewinn-Verhältnis): Das Verhältnis zwischen dem Aktienkurs eines Unternehmens und dem Gewinn pro Aktie. Es zeigt an, wie viel Investoren bereit sind, für eine Aktie im Vergleich zu den Gewinnen des Unternehmens zu zahlen.

Kleinkindphase: Die Anfangsphase eines Unternehmens, in der es noch jung und riskant ist, aber auch ein hohes Wachstumspotenzial haben kann.

Kuchenstücke: Eine Metapher für die verschiedenen Aktien im Portfolio, ähnlich wie Stücke eines Kuchens.

Kursanstieg: Die Erhöhung des Aktienkurses im Laufe der Zeit.

Kursverlust: Die Abnahme des Aktienkurses im Laufe der Zeit.

Large Cap: Unternehmen mit einer Marktkapitalisierung von über 10 Milliarden US-Dollar.

Lebensphasen eines Unternehmens: Verschiedene Phasen, die ein Unternehmen durchläuft, wie Gründung, Wachstum, Reife, Schrumpfung und Ende.

Lethargie: Ein Zustand der Trägheit oder Gleichgültigkeit, der dazu führen kann, dass man seine Aktien vernachlässigt.

Lineare Darstellung: Eine Darstellung, bei der der Abstand zwischen den Zahlen auf der y-Achse linear ist.

Liquidität: Die Fähigkeit eines Vermögenswerts, schnell in Bargeld umgewandelt zu werden, ohne dabei erheblichen Wertverlust zu erleiden.

Logarithmische Darstellung: Eine Darstellung, bei der der Abstand zwischen den Zahlen auf der y-Achse logarithmisch ist, um exponentielles Wachstum darzustellen.

Makler/Broker: Ein Mittelsmann, der als Vermittler bei Aktien(ver)käufen agiert. Früher wurden Broker telefonisch kontaktiert, heute gibt es Online-Broker.

Marke: Eine bekannte und etablierte Marke, die Vertrauen und Kundenbindung schafft. Marken können höhere Preise verlangen und haben dadurch mehr finanzielle

Ressourcen für Forschung, Entwicklung und Marketing.

Marktkapitalisierung: Die Gesamtwertigkeit eines Unternehmens, gemessen anhand der Summe aller Aktien.

Marktpositionierung: Die Positionierung eines Produkts oder einer Marke auf dem Markt im Vergleich zur Konkurrenz.

Mid Cap: Unternehmen mit einer Marktkapitalisierung zwischen 2 und 10 Milliarden US-Dollar.

Nettovermögen: Die Differenz zwischen den Vermögenswerten einer Person (einschließlich Bargeld, Investitionen, Immobilien usw.) und ihren Verbindlichkeiten (Schulden).

Online-Broker: Eine digitale Plattform, über die Aktien online gekauft und verkauft werden können.

Parkett: Der Ort, an dem Aktien gehandelt werden, wo Broker und Händler aktiv sind.

Performance: Die Wertentwicklung einer Aktie über einen bestimmten Zeitraum, die sich im Aktienchart zeigt.

Portfolio: Eine Zusammenstellung von Investments, die ein Investor besitzt, einschließlich Aktien, Anleihen und ETFs.

Preis: Der Wert, zu dem ein Produkt oder eine Dienstleistung angeboten wird. Niedrige Preise sind nicht immer ein Garant für gute Geschäfte, da sich die meisten Produkte in einer Normalverteilung der Preise bewegen.

Quartalsbilanzen: Finanzielle Berichte, die von Unternehmen vierteljährlich veröffentlicht werden und Informationen über deren Leistung enthalten.

Recheneinheit: Die Funktion von Geld, als Maßstab zur Bewertung von Preisen und Werten zu dienen.

Recherche und Analyse: Die Sammlung und Bewertung von Informationen über Aktien und Unternehmen, um fundierte Investitionsentscheidungen zu treffen.

Reifephase: Die Phase, in der das Unternehmen seinen Höhepunkt erreicht hat und möglicherweise mit Rückgängen und Herausforderungen konfrontiert ist.

Rendite: Die erzielte Wertsteigerung einer Anlage, ausgedrückt in Prozent des ursprünglich investierten Betrags.

Risiko: Die Wahrscheinlichkeit eines Verlustes oder einer negativen Entwicklung bei einer Anlage oder einem Investment.

Risikomanagement: Die Praxis, Risiken zu identifizieren, zu analysieren und zu bewältigen, um potenzielle Verluste zu minimieren.

Risikotoleranz: Die individuelle Bereitschaft, Risiken einzugehen, um potenziell höhere Renditen zu erzielen.

Saisonale Geschäfte: Geschäfte, deren Umsatz saisonalen Schwankungen unterliegt, wie aufgrund jahreszeitlicher Nachfrageänderungen.

Seitwärtsbewegung: Eine Kursentwicklung, bei der der Aktienkurs stabil bleibt und sich seitwärts bewegt.

Small Cap: Unternehmen mit einer Marktkapitalisierung von in der Regel unter 2 Milliarden US-Dollar.

Sondervermögen: Aktien, die einem Käufer gehören und vor Insolvenz geschützt sind.

Staatsanleihen: Von Regierungen ausgegebene Schuldtitel, die Anleger kaufen können und für die sie Zinsen erhalten.

Steuern: Abgaben, die Unternehmen auf ihren Gewinn zahlen müssen.

Stop-Loss-Orders: Eine automatische Verkaufsorder, die den Verkauf einer Aktie auslöst, wenn ihr Kurs einen vordefinierten Wert erreicht.

Tauschhandel: Ein System des direkten Warentauschs ohne Verwendung von Geld als Zahlungsmittel.

Technische Analyse: Die Analyse von Aktienkursen und Diagrammen, um zukünftige Kursbewegungen vorherzusagen.

Transaktionskosten: Gebühren, die beim Kauf und Verkauf von Aktien anfallen.

Transportmedium: Die Funktion von Geld, als Austauschmittel für den Handel und den Erwerb von Waren und Dienstleistungen zu dienen.

Umsatz: Die Gesamtsumme aller verkauften Leistungen und Waren eines Unternehmens.

Umsatzwachstum: Der Anstieg des Umsatzes von Jahr zu Jahr, der darauf hinweist, dass die Produkte des Unternehmens immer gefragter werden.

Unternehmen: Organisationen, die Waren oder Dienstleistungen produzieren und an der Börse gehandelt werden können.

Unternehmer: Eine Person, die ein Unternehmen gründet und leitet, um Gewinne zu erzielen.

Verluste: Negative Gewinne, bei denen ein Unternehmen mehr ausgibt, als es einnimmt.

Vermittlungsgebühr: Eine Gebühr, die ein Makler/Broker für das Platzieren einer Order am Börsenplatz erhält.

Vertrauen: Das Vertrauen in die eigenen Fähigkeiten und Entscheidungen als Investor.

Volumen: Die Anzahl der Aktien, die an einem Tag gehandelt werden.

Wachstum: Das Potenzial eines Unternehmens, in der Zukunft zu wachsen und sich weiterzuentwickeln.

Wechselbereitschaft: Die Bereitschaft der Kunden, von einer Marke oder einem Anbieter zu einem anderen zu wechseln. Unternehmen, die ihren Kunden den Umstieg erschweren, können eine starke Kundenbindung und Wettbewerbsvorteile aufbauen.

Wertaufbewahrung: Die Funktion von Geld, seinen Wert im Laufe der Zeit zu erhalten, ohne dass er durch Inflation oder andere Faktoren gemindert wird.

Wirtschaftswachstum: Die Steigerung der wirtschaftlichen Aktivität und des Bruttoinlandsprodukts (BIP) eines Landes über einen bestimmten Zeitraum.

Zinsen: Die Kosten für das Ausleihen von Geld oder die Vergütung für das Halten von Geld auf einem Bankkonto.

Danksagung

Dieses Buch wäre nie entstanden ohne die grandiose Unterstützung, die ich über die Jahre immer erfahren habe und weiterhin von allen Seiten erfahre. An alle, auch diejenigen, die ich nicht namentlich erwähne, von Herzen: DANKE.

Zuerst möchte ich meinem Ehemann und besten Freund Markus danken, den ich so sehr liebe und der mich immer bei all meinen Ideen unterstützt, mir den Rücken freihält und mir das Gefühl gibt, dass ich alles schaffe!

Ein riesiger Dank geht an meine Freundin Franzi, ohne die das Buch nicht entstanden wäre. Wie eine gute Fee hat sie mit mir die Sätze formuliert, um das Buch verständlich, spannend und unterhaltsam zu machen. Immer hat sie an *Mami goes Millionär* geglaubt und schon früh große Visionen gehabt, als ich es mir noch nicht vorstellen konnte! Vielen, vielen Dank für alles!!!

Ein großer Dank geht an Mirjam, mit der ich zusammen die Struktur erstellt habe, sodass es sich dann viel leichter für mich mit Leben füllen ließ.

Ebenfalls möchte ich mich bei meiner Lektorin Frau Schober bedanken, die wie eine Löwin um dieses Buch gekämpft hat, damit es im Campus Verlag erscheint.

Auch den Lektoren anderer Verlage möchte ich danken, die mein erstes Manuskript gelesen haben und begeistert waren, von meiner Art die Börsenwelt zu erklären. Sie haben mich darin bestärkt, meine Ideen unbedingt als Buch zu veröffentlichen, damit die Frauenwelt sich traut, in die Aktienwelt einzusteigen.

Danke auch an mein tolles Team, das immer an mich glaubt und mit mir gemeinsam meine Vision in die Welt trägt. Vielen

Dank für euer tägliches Engagement und eure Liebe zum Unternehmen, Sophie, Patricia, Stefan, Sophia und Adrian.

Besonderer Dank geht an meine Freundin Laura und meinen Freund Dominik, die mit ihrem Know-how und ihrem Engagement die Firma mit groß gemacht haben! Von Herzen danke dafür!!

All meinen Kundinnen und Followern, die mir vertraut und sich mit mir gemeinsam auf die Aktienreise eingelassen haben. Danke auch, dass ihr all eure Erfolge und persönlichen Veränderungen mit mir teilt. Ich bin immer wieder berührt davon, welchen Impact meine Worte haben und wie sehr sich euer Leben positiv verändert hat.

Danke an alle Leser, die dieses Buch gekauft und so viele Stunden mit mir verbracht haben.

Meinen Eltern bin ich so dankbar, dass sie mir alle Freiheiten gewährt haben. Meiner Mutter danke ich, dass sie mich mit so viel Liebe und guten Werten erzogen hat und dass sie schon immer so ein großes Vertrauen in mich hatte. Meinem Vater danke ich für all mein mathematisches Verständnis. Er sagte mal zu mir, während ich Bodo Schäfers Buch *In 7 Jahren zur Million* las: »Carmen, du schaffst das schneller«, und das habe ich.

Meiner Tochter Leni, die mich hat so mutig werden lassen, als ich mit ihr zum ersten Mal Mama wurde. Meiner Tochter Emily, die mir gezeigt hat, dass ich eine liebevolle und geduldige Mutter bin. Ohne meine beiden Töchter hätte ich diese Reisen nie begonnen – weder die der Aktien noch des Unternehmertums. Danke, dass ich eure Mama sein darf!